研究生学术道德

案例教育读本

复旦大学研究生院　编

復旦大學 出版社

Abstract

The establishment of scientific integrity and academic tradition has assumed a dominant position in graduate education, which can be best demonstrated in case studies. The book focuses on the description, analysis, and review of the representative cases in academic conduct and academic tradition, showcasing the pertinent issues of academic conventions and honor codes in graduate education. It serves as a guide for graduate students to handle these pertinent issues in the establishment of scientific integrity and academic tradition. Specifically, it is expected to motivate graduate students in the acknowledgement of their academic research process, fundamental requirements, and honest conduct. It is also expected to facilitate graduate students in the recognition and evaluation of their research purposes and attitudes, promoting their academic conduct against academic misconduct which might spoil their study and career.

The book consists of four parts: Humanities and Social Sciences, Science and Engineering, Medical Sciences, and Academic Tradition. It traces the academic process of graduate students in their research and study, and highlights the representative cases, both home and abroad, which can serve as inspirations as well as reminders for graduate students in their graduate programs.

序

学术道德是研究生培养工作的重要内容，也是培养创新人才的必要保证。作为科学研究工作者应遵循的基本伦理，学术道德是学术研究的立身之本，也是提高学术水平和研究能力的重要基础，健康的学术氛围和良好的学术道德对研究生培养质量具有重要影响。加强对在读研究生进行学术道德教育，培养求真务实、勇于创新、坚韧不拔、严谨自律的治学态度，引导研究生树立良好的学术道德，帮助研究生养成恪守学术规范的习惯，是当前研究生教育面临的一项重要任务。

习近平总书记指出，广大青年要从现在做起，从自己做起，勤学、修德、明辨、笃实，使社会主义核心价值观成为自己的基本遵循，并身体力行大力将其推广到全社会去，努力在实现中国梦的伟大实践中创造自己的精彩人生。国务院副总理刘延东在全国研究生教育质量工作会议上强调指出，全面贯彻党的教育方针，落实立德树人根本任务，把培育践行社会主义核心价值观纳入研究生培养全过程，培养具有坚定理想信念、高尚道德情操、高度社会责任感、强烈创新精神、精深专业素养和开阔国际视野的高层次专门人才。研究生教育作为国民教育的顶端和国家创新体系的生力军，承担着“高端人才供给”和“科学技术创新”的双重使命。

复旦大学历来重视学术道德养成和学风建设，将此项工作作为学校学科建设和研究生培养的生命线，坚持常抓不懈，努力构建长效机制。学校以“全覆盖、制度化、重实效”为根本要求，将教育活动融入到研究生培养的全过程，开设了研究生学术伦理与规范课程，在研究生中持续加强学术道德教育，引导研究生热爱科学、追求真理、遵守学术规范、坚守学术诚信、完善学术人格、维护学术尊严，把学术诚信观念内化于心，外化于行，自觉抵制学术浮躁行为，努力营造积极、健康、向上的校园学术氛围。

2015 年 5 月，复旦大学与北京大学、清华大学、浙江大学等 11 所高等学校被中国科协、教育部遴选为实施科学道德和学风建设宣讲教育案例教学的试点高校。复旦大学高度重视该项试点工作，专门研究提出了《复旦大学科学道德和学风建设宣讲教育案例教学试点工作方案》，计划用一年左右时间建设 10 门左右“学术规范与职业伦理类”课程，编写一批教学案例，建立学术道德教育长效机制，对全校研究生开展广泛深入的学术道德教育，使学术道德规范渗透到研究生培养的全过程。研究生阶段是学术素养养成的重要阶段，恪守学术道德规范要从日常学习、研究的细节做起。复旦大学研究生院组织相关教授、专家围绕研究生特点编写了这本《研究生学术道德案例教育读本》。该读本精心选编了一些涉及不同学科领域的国内外典型案例，并对案例进行了针对性的剖析点评，可读性比较强。该读本用先进人物的正面事例引导人，用学术不端的反面案例警示人，有利于形成严谨治学的良好学术环境，让研究生从案例中吸取教训，少走弯路。

我希望，《研究生学术道德案例教育读本》对研究生更好地开展学习和科研活动有所帮助，并有益于研究生养成严谨治学、潜心钻研的学术习惯，迈好学术生涯第一步；同时，使他们成为优良学术道德的践行者和良好学术风气的维护者，为把我国建设成具有全球声誉和影响的创新型国家做出积极的贡献。

钟扬

2016 年 7 月

前言

研究生作为我国高层次科研人才的后备军，是国家宝贵的人才资源，是我国特色社会主义事业的接班人和未来建设队伍的中坚力量，事关我国未来科技、经济、社会发展的战略大局。因此，研究生教育事关重大，是高校育人工作中最为重要的组成部分。

科学道德和学风建设是研究生教育工作的重要内容，也是培养创新人才的重要保证。教育部、国家发展和改革委员会、财政部《关于深化研究生教育改革的意见》(教研[2013]1号)指出，要全面贯彻党的教育方针，把立德树人作为研究生教育的根本任务，把培育践行社会主义核心价值观融入研究生教育培养全过程，把科学道德和学风教育纳入研究生培养各环节，加强人文素养和科学精神培养，培育研究生正直诚信、追求真理、勇于探索、团结合作的品质。

近年来，中国科学技术协会、教育部等部门联合开展了科学道德和学风建设宣讲教育活动。该活动以在读研究生为主要对象，坚持以科学精神、科学道德、科研伦理和学术规范为主要内容，按照"全覆盖、制度化、重实效"的要求，将宣讲教育覆盖全体研究生，作为研究生培养环节纳入常态工作，以引导研究生遵守学术规范、坚守学术诚信、完善学术人格、维护学术尊严，自觉抵制学术不端行为，努力成为优良学术道德的践行者和良好学术风气的维护者。这对形成风清气正、求真务实的优良学风，营造有利于自主创新和人才成长的科研环境发挥了积极作用。

随着研究生科学道德和学风建设教育工作的不断深入，其教育形式呈现多样化趋势。除了不同层面的宣讲教育之外，紧密结合各专业科研的学术道德教育，以及学术道德案例教育等多种教育形式已在部分高校中作为试点展开，尤其是学术道德案例教育与纯理论阐述相比，案例教育所具有的生动、直观、形象、具体化特征，深受学生欢迎，因而教学效果良好。

有鉴于此，复旦大学研究生院为落实中国科学技术协会、教育部《关于开展科学道德和学风建设宣讲教育案例教学试点工作的通知》(科协组函组字〔2015〕132 号)的要求，并且为研究生学术道德案例教学系列课程提供相配套的教学参考书，于 2016 年 3 月组织上海市科协课题组相关专家、教授，对相关研究成果，做了从体系结构到内容设置、表述形式、格式规范等的全面改动与充实后，撰成了《研究生学术道德案例教育读本》(以下简称《读本》)。

本《读本》分为四个篇章，即人文社科篇、理工学科篇、医科篇与学风篇，共选编了 47 个典型案例。这些案例均为国内外学术界所发生的真实事件，其中大多数为国外案例，主要取自美国、德国、英国、日本、荷兰、韩国等国的不同学科领域。

在本《读本》选编的典型案例中，既有正面案例也有反面案例。正面案例表述了杰出学者严谨的学术风格与严守学术规范的优秀事迹，这有助于研究生以杰出学者为榜样，通过学术研究实践，逐渐养成严谨治学、潜心钻研的优良作风。反面案例则表述了当事人所犯的学术错误以及受到的相应惩罚，这有助于发挥警示效应，提醒研究生要远离学术不端这一"学术高压线"。本《读本》虽然选编的反面案例居多，但这仅出自于对案例本身的典型特征的考虑。事实上，从整体上看，在国内外学术界发生学术不端的学者终究是少数，绝大多数学者都是负责任的研究者，都具有严谨的治学理念和严守学术道德规范的自律能力。

本《读本》选编的每一案例都附加“点评”部分，案例表述之后的点评既对案例反映的实质内容做了提炼与概括，又对案例中当事人的行为取向进行了深入的剖析与评价。这有助于研究生从中获得启迪与教育、汲取经验与教训，懂得学术研究中哪些该做、哪些不该做，以严守自律底线，做一个负责任的研究者。

期待每一个即将踏上学术研究之路的在读研究生能从本《读本》中受到教益，以杰出学者为楷模、以学术不端事件为警示，迈好自身学术生涯的第一步，为把我国建设成世界科技强国做出应有的贡献。

目录

理工学科篇

医科篇

学风篇

人文社科篇

人文科学以人类精神文化为其研究对象，社会科学则以人类社会为其研究对象。两学科群的研究对象尽管有所差别，但两者均聚焦于人类社会现象，因而人文科学研究与社会科学研究存在诸多共性。据此，本篇将人文科学与社会科学合并为一个大学科群，用该学科群所涉的典型案例阐明人文社科类学术研究各环节中应遵循的学术规范与道德规范，以提高研究生学术道德教育的实效性。

人文社会科学篇共包括 14 个案例，其学科分布为史学(3 个案例)、哲学(2 个案例)、经济学(1 个案例)、法学(3 个案例)、教育学(1 个案例)、心理学(4 个案例)。心理学案例之所以被安排在人文社会科学大类之中，因为：其一，现代心理学是一个交叉学科，该学科与大学科群(如人文社科、理、工、农、医)以及相关的一级、二级学科形成了数十个分支学科，其中与人文社会学科形成的分支学科居多；其二，本篇心理学科所涉及的案例以社会心理学的案例居多。鉴于此，心理学案例也就归并到人文社会科学大类之中。

本篇涉及的 14 个案例中既有正例也有反例。所谓正例，即以能反映国内著名学者的学术风格与严守学术规范的真实事件为例。例如，俞吾金教授在学术研究中严格遵循的“哲学治学理念”，既反映了他本人的学术风格，也反映了他作为博士生导师对研究生的学风与学术行为的要求和引导。此类正例，能发挥榜样作用，有助于引导研究生遵守学术规范、坚守学术诚信、完善学术人格、维护学术尊严，自觉抵制学术不端行为，努力成为优良学术道德的践行者和良好学术风气的维护者，对形成风清气正、求真务实的学术环境具有促进作用；所谓反例，即以国外学者因违反学术规范与道德规范导致其身败名裂的真实事件为例。例如，德国前国防部长古滕贝格原本政治前景似锦，不少德国人认为他是未来竞选德国总理的热门人，然而，由于其在校期间的博士论文抄袭，结果不仅被剥夺了博士学位，而且无脸面对国人，只得引咎辞去国防部长职位，永久告别了政坛。又例如，曾因奋斗几十年成为美国史学界泰斗的安布鲁斯仅仅因为几页引自他人著作又未加引号的史学资料而构成“学术抄袭”，以至身败名裂。此类反例，作为警示事件，能使研究生充分认识学术不端行为的严重危害，且明示研究生在学术活动各环节中如涉嫌学术不端，将会受到严厉的规范条例的惩处，会为此付出沉痛的代价。这些例子说明研究生增强自身学术自律意识的重要性，如一旦疏忽或故意触犯学术不端，其结果不仅影响学业，而且危害前程。

本篇涉及的13个反例如按其所涉性质大致可分为4类：其一，学术造假事件。如，日本考古学家藤村新一的考古造假事件、英国心理学家伯特的造假与欺骗事件、荷兰心理学家斯塔佩尔的学术造假事件、美国进化心理学教授豪瑟的学术造假事件、德籍阿姆斯特丹大学社会心理学家杰斯・福瑞斯特的数据操纵事件。其二，学术抄袭事件。如美国历史学家安布鲁斯的史实抄袭事件、德国前国防部长古滕贝格的博士论文抄袭事件、欧洲议会前副议长科赫・梅林的博士论文抄袭事件、哈佛法学院奥格莱特里教授的学术抄袭事件。其三，学术剽窃事件。如美国海军学院范德马克教授的学术剽窃事件、哈佛大学却伯教授的学术剽窃事件、德国前教育部长沙范的博士论文剽窃事件。其四，学术欺诈事件。如索卡尔诈文事件。

本篇每一案例均包括两部分，即真实事件与案例点评。就真实事件而言，虽然取自国内外书籍、报刊、网站的报道与记事，但在尊重客观事实的基础上，对真实事件做了必要的合理的逻辑加工，使其以更为简洁、通俗的形式表述，同时又服务于本书的主题，成为学术道德教育的典型案例。就案例点评而言，针对正例，归纳了正例中榜样学者优秀的学术风格与严守学术规范的严谨作风，同时点明该案例能给在读研究生哪些启发与教育。针对反例，大致涉及 4 项内容：其一，点明了案例中人物违反了哪条或哪些学术规范；其二，分析了他或她陷入学术不端的主客观原因；其三，强调违反学术规范与道德规范的不端事件迟早会曝光于世，其当事人必然会受到应有的惩处；其四，阐明本不端案例能给在读研究生哪些启示与教育。

本篇每一案例均提供了出处与参考文献，以便读者核查案例真相或进一步了解与案例相关的内容。

（朱宝荣）

1. “运气”抑或“把戏”
——藤村新一的考古造假事件

藤村新一（ふじむらしんいち，1950— ），一名业余考古学家。由于他“运气”极佳，有接二连三的惊人发现，不断把日本的历史向前推进，使他成了日本最著名的考古学家，被誉为“石器神手”。此外，因藤村新一的发现满足了日本人在自己国家成为经济大国之后，迫切想成为文明古国的心态。因而藤村新一深受国人敬仰，他亲手发掘的“人工制品”在日本国立博物馆的玻璃柜里闪烁着荣耀的光芒，他的“发现”被写入日本教科书，他的“杰出贡献”受到了政府的多次嘉奖。

藤村新一的考古事业起步于20世纪80年代，当时年仅31岁的藤村新一参加了日本东北宫城县岩出山町的“座散乱木遗址”考古调查。几天后，藤村新一在考古现场用铲子从火山灰地层中挖出了一个小石块，此后被鉴定为4万年前的旧石器，同时出土的石器有49件之多。这些旧石器的出土为日本本州岛4万年前就有人生活过提供了历史依据。

此后，凡有藤村新一参与的考古调查，都会有惊人的发现，为日本创造了一个又一个考古挖掘的新纪录：1983年，藤村新一在宫城县大和町的“中峰C遗址”发现了37万年前—14万年前的石器；1984年，在古川市的马场坛A遗址发现了17万年前的石器；1992年，藤村新一获得了最为重要的发现，即在地处日本东北宫城县筑馆町的上高森遗址,发掘出了号称50万年前的旧石器,该发现被作为重要史料收进1998年以后出版的日本高中历史学教科书;1993—1994年,藤村新一在宫城县上高森多处遗址发掘出距今大约40万年前—50万年前的旧石器。这一系列发现被确定为日本最早的旧石器,相当于北京周口店第一地点最底部文化层的旧石器。这意味着,日本也曾经生活过和北京人一样古老的古人类,日本历史的古老性完全可以和中国比肩;1995年至21世纪初期,藤村新一有了更为惊人的“发现”,他在宫城县上高森挖掘出许多旧石器和柱坑,据称这些旧石器已有60万年至70万年的历史,是世界上最古老的陪葬品,而柱坑则为存放石器用的建筑遗迹,是世界上最古老的建筑遗迹。

藤村新一的不断“发现”助长了他不可抑制的“自信”,他公开扬言,他将从上高森遗址挖掘出100万年前的旧石器,作为送给恩师的礼物。他甚至预测,将在日本找到原始人的骨头化石,以证实最先进的文化就在日本的东北地区,而日本猿人则是世界上最具智慧的猿人。

藤村新一使日本人激动不已的惊人的“发现”及其踌躇满志赢得了日本考古学界与社会舆论的好评,使其成为日本史学界最神奇的名字,并担任了日本东北旧石器文化研究所副理事长。

对于藤村新一的“学术成就”及其所获的名誉地位,部分考古学家私下觉得藤村新一不仅是运气,很可能还有其他把戏。因为无论何处发掘,重大发现均出自藤村新一一人,即藤村新一在场就有“发现”,而藤村新一不在场则一无所获。此外,有的学者还对藤村新一发掘的旧石器的形状、排列与地层结构之间的关系做了分析,发现其中疑点诸多。诸多质疑引起了日本考古学界和新闻媒体的警觉,因为考古学毕竟是一门严肃的科学,而大多数从事日本考古事业的专业人员毕竟是尊重科学的。

据此，日本《每日新闻》的调查人员在藤村新一进行发掘的上高森遗址现场安装了数台隐藏的监视摄像机。经过长达几个月的监视与摄像，终于在2000年10月22日，拍到了藤村新一小心翼翼地将来路不明的器物埋入他于次日要"发现"它们的发掘现场。次日，藤村新一在新闻发布会上宣布，他又发现了一处极其古老的遗址，在年代测定为57万年前的火山灰层下发现了一堆石器。而《每日新闻》在11月5日则公开了藤村新一造假的照片，照片显示这位"石器之神"正从一只塑料袋内拿出所谓的"旧石器"埋进上高森考古遗址。无可抵赖的骗局披露几小时后，懊悔和精神崩溃的藤村新一举行了一个新闻发布会，承认他仅有两次造假行为。

造假行为可耻

为彻查藤村新一造假事件，日本考古协会于2001年6月设立了专门委员会，即前·中期旧石器问题调查研究特别委员会（简称

“特别委员会”)。该特别委员会多次找藤村新一谈话，在强大的舆论压力下，藤村新一终于在 2001 年 9 月下旬向特别委员会递交了一份自 1981 年以来从事造假活动的遗址名单。此后特别委员会又在各地进行了仔细核实，最终公布了历时两年多完成的调查结果。该调查结果显示：在藤村新一参与开挖的 178 处考古遗址中，至少有 159 处涉嫌造假。他的造假几乎从 1981 年他刚参加考古工作时就开始了。

藤村新一造假事件被揭露后，在日本学界和社会层面引起了强烈反响。各界人士纷纷谴责藤村新一的可耻行径，更使脸面全无的日本考古学界深感悲哀与愤怒。于是，日本东北旧石器文化研究所即刻将藤村新一除名；日本考古协会责令藤村新一退会；藤村新一曾获得的“相泽忠洋奖”等奖项也被撤销与收回；分布在全国各地的博物馆、资料馆也纷纷撤除了原本陈立在玻璃柜里的所谓由藤村新一亲手发掘的人工制品及其陈述板；日本文部省要求全国各地出版社迅速收回涉及与藤村新一考古发掘相关内容的教科书并建议以一种反省的态度重写高校和中小学教科书中与日本历史相关的内容。

【点评】

有人认为，自然科学研究应强调严密与客观，而人文社会科学研究则会渗透随意与主观，显然，持有这种看法是错误的！其实，人文社会科学作为一种科学门类，同样是理论化、系统化的知识体系，同样具有与其他科学所应有的 4 大特征，即客观性、全面性、逻辑性与系统性，其中客观性是科学的最基本的特征。因此，人文社会科学研究者同样应以客观的态度面对社会现象，按研究对象的本来面目去反映对象，不搞主观虚构，最终从研究对象客观反映的数据、资料中提炼出研究对象本身所具有的本质与规律，这才是从事人文社会科学研究应有的态度。显然,藤村新一违反了科学研究的客观性原则,将科学研究随意化发展到极致,胡乱猜想、人为设定科学对象的本质特征,公开扬言:他将从上高森遗址挖掘出100万年前的旧石器,将其作为送给恩师的礼物。他甚至预测,将在日本找到原始人的骨头化石,以证实最先进的文化就在日本的东北地区,而日本猿人则是世界上最具智慧的猿人。这种不可抑制的随意化已使科学研究的基本特征消失殆尽,完全服从于狭隘的民族主义情绪和政治野心,以美化日本历史。然而,假的终究是假的,随着藤村新一这种随意化造假的"把戏"被揭露,藤村新一的"学术生涯"也走到了尽头。

藤村新一的造假事假事件能给我们诸多启示,其中最为重要的,即是人文社会科学研究同样应坚持客观性原则。对于人文社会科学类研究生而言,客观性原则应体现在科学研究的各个环节中。

首先,要坚持科学观察的客观性原则。就是说要从实际出发,采用实事求是的科学态度,按照研究对象的本来面貌去反映对象,而不能搞主观虚构,这是进行科学观察的基本要求和必要前提。不可否认,任一科学观察都是在一定的理性因素参与下进行的。研究者在观察活动中观察什么,同观察者的目的和主观状态有关。但是,为了搜集到研究对象所反映的客观事实,在观察中既要有明确的目的,又必须避免犯主观性错误。坚持了观察的客观性,才能保证观察所获得的结果确实是研究对象所反映的真实情况。而得到了研究对象所反映的真实情况,才能从真实的观察材料中提炼出正确的结论,进而发现支配现象的内在规律。

其次,要坚持学术观点检验的客观性原则。在学说观点检验中,要注意克服一种较为普遍的倾向——验证偏见,即希望寻找证据去证实自己认为该肯定的学术观点,而没有认识到反证在检验学说观点中的重要价值。部分研究生之所以会产生"验证偏见",其重要原因之一是研究者在检验自己的学说观点时犯了主观主义的“先入之见”，单纯采用了“证实策略”，即热衷于搜索那些能直接证实自己学说观点的“正例”，而不去搜索那些会把自己学说观点证明为假的“反例”。这种做法明显违背了学术研究的基本准则——客观性原则，其结果难以对学说观点做出真正的检验。

第三，要坚持整理学术成果的客观性原则。支撑自己学术观点的实证材料应系统、完整、客观，研究者应维护原始数据、资料的真实与完整，不能因主观需要对实验数据与观测事实做随意删减、篡改、捏造、筛选，这会歪曲真相、篡改实情，失去数据、资料的应有价值。

第四，要坚持他人学术成果的客观性原则。应尊重他人的学术研究成果，不得采用抄袭、篡改的方式，将他人的学术观点窃为已有；不得将他人尚未公开发表的原始数据、资料融入自己的学术成果中，制造所谓的“创新点”。

第五，要坚持评价学术成果的客观性原则。对他人或自己的学术观点均应做客观、公正的评价，不得贬低他人，而故意夸大自己观点的学术价值或运用后可能产生的经济、社会效应。

概而言之，研究者在获取现象材料、提炼与形成学术观点时均应遵循客观性原则，如从事违反学术道德规范的作假行为，迟早会付出沉重代价，甚至葬送自己原本美好的学术生涯。

参考文献

[1] 管克江. 施展“魔手”自埋自挖　编造日本历史“神话”[N]. 环球时报，2000-11-10.

[2] 卫奇. 考古骗局曝光　制假露了原形[J]. 化石，2001(1)：10—11.

[3] 郑理. “改写”日本远古史的“神手”显形记[J]. 世界通讯，2001(2)：

28—29.

[4] 翁屹.藤村新一考古造假事件[M].北京：科学出版社，2013：47—53.

（朱宝荣）

2. 他因失去诚信而终结学术生命

——安布鲁斯史实抄袭事件

斯蒂芬·E·安布鲁斯(Stephen Edward Ambrose,1936—2002),美国著名历史学家和传记作家、威斯康星大学历史学博士,长期执教于美国的新奥尔良大学等多所大学。曾任艾森豪威尔中心荣誉主任、《军事史学季刊》主笔,并是美国著名的两栖登陆作战博物馆——“国家D日博物馆”的创建者。

安布鲁斯28岁时,即获美国前总统艾森豪威尔赏识,并被指定为其作传人。20世纪80年代,安布鲁斯终于出版了著名传记《艾森豪威尔传》。在此书写作的过程中,他得到了艾森豪威尔本人及其亲友的全力支持,从而得以深入接触艾氏的书信及文件。传记一经推出,就引起了出版界的肯定与赞誉,奠定了作者在美国史学界的崇高地位。巴顿将军评价《艾森豪威尔传》时称,这是我所读过的研究最为深入和写得最好的作品。《纽约时报》的书评曾称,《艾森豪威尔传》严谨、权威、详实,既展现了艾森豪威尔的伟大之处,又对他的部分决策做出了公允的评价,是迄今为止多本关于艾氏的传记中最出色的一部。

20世纪90年代初,安布鲁斯出版了著名传记《尼克松传》,该传记的出版进一步确立了他在美国史学界的泰斗地位。

虽然安布鲁斯从来没有在军队中服务过,但他一直对那些参加过战争的人怀有崇敬之情,并坚持以其特有的角度研究他们,因此他撰写的二战历史系列小说因其对战争的真实描写与对人性问题的深入思考引发了人们广泛的关注与讨论。其大手笔的叙事技巧、精辟透彻的研究和悲天悯人的情怀，为他赢得了广泛的赞誉和无数读者的青睐。如在20世纪90年代中期，安布鲁斯出版了《诺曼底登陆》一书，该书荣登全美畅销书排行榜第一名，使他跻身历史畅销书作家行列。自此以后，安布鲁斯成为全美家喻户晓的史学家。安布鲁斯还在史蒂文·斯皮尔伯格执导的影片《拯救大兵瑞恩》中担任历史顾问，并在史诗性连续剧《兄弟连》中担任执行制片人。《兄弟连》是2001年播出的美国10集电视连续剧，改编自安布鲁斯的畅销书《连队》，斯皮尔伯格执导，戴米恩·刘易斯、马修·赛特等众多好莱坞明星主演，描写美国101空降师506团E连在第二次世界大战欧洲战场的真实故事。该连续剧在2002年美国主要影视奖评奖中，共获得15次提名、7次获奖，其中在第59届美国电影电视金球奖上获得2次提名，获得电视类-最佳迷你剧/电视电影奖。除此之外，安布鲁斯还撰写了许多小说，其个人专著共有25本之多，主要内容大多为20世纪美国史。

然而在2002年，这位美国史学界的著名泰斗却遭到了指控。杜兰大学法学教授李洽生(Sally Richardson)等人指责安布鲁斯所作史书中有大量资料出自他们的著作，数量达几页之多。虽然安布鲁斯在书页的“脚注”中提到资料的来源，但在资料本身的叙述中却未加引号。既然有好几页引自他人著作又未加引号的史学资料出现在自己的著作中，这就构成了学术抄袭。案发后，人们又先后发现他的许多著作中存在不少史实的错误，这使安布鲁斯抄袭事件更为明确。该事件一度成为发生在美国的抄袭大案，曾轰动一时。由于安布鲁斯因抄袭而失去了作为作者的诚信，以至身败名裂，不久于66岁黯然辞世，名誉与生命俱尽。

【点评】

奋斗几十年成为美国史学界泰斗的安布鲁斯仅仅因为几页引自他人著作又未加引号的史学资料而构成“学术抄袭”，以至身败名裂，实在令人感到惋惜。然而在美国，抄袭被认为是对知识的亵渎，是绝不可跨越的红线。如果某位教授被确定为学术抄袭，那么他(她)的学术生命便将终结，根本没有讨价还价的余地。据此，安布鲁斯因史料抄袭而身败名裂则是预料之中、理所当然的。

当前，随着国内学术规范程度的提升，学术抄袭也将受到严厉惩罚。在高校，如果发现学生抄袭，将被立刻注销学籍且令其退学，“北大”、“兰大”等高校已有先例，故望研究生好自为之。

安布鲁斯的错误在于引注不规范，而对论文“引注”，恐怕诸多研究生至今仍不以为然，或并不了解规范的“引注”应是怎样的。这是诸多研究生撰文中的“盲点”。一般认为，规范的“引注”应注意以下3点：

其一，研究生应懂得论文引注的重要性，这种重要性主要体现在：(1)有利于追溯一个思想观点的源头；(2)帮助形成知识网络；(3)在论文中支持、强化自己的观点；(4)使论据更具效力；(5)促使知识的传播；(6)认可他人的智慧成果。

其二，研究生应懂得论文所涉及内容中哪些须写注释。一般认为：论文中用到了某一个资料中的某一个观点；论文中出现了一个术语来自某个文献；某个并不太熟悉但是很重要的人物，都需要做认真、详尽、客观的注释。

其三，研究生应懂得如何正确、规范地写作注释，以避免剽窃、犯学术错误。一般认为，论文注释按注释放置位置不同可分为当页页下注和参考文献。当页页下注除了须对文中引言或须注内容加引号之外，还应在论文的当页下面对文中提到的引言或资料进行注释；而参考文献则是放在论文的最后，单独作为一个板块。

当页页下注书写格式、标准和范例：(1)著作类引用格式：责任者(必要时加注责任方式)，《题名》与其他题名信息(如卷册)，其他责任者(如译者)，出版地，出版者，出版年(必要时加注版次)，引文页码。范例：[1]孔飞力：《叫魂》，陈兼、刘昶译，上海：上海三联书店，1999 年，第 207 页；(2)期刊类引用格式：责任者，《文章题名》，《连续出版物(期刊、报纸)题名》，其他题名信息(中国大陆以外出版的中文报刊出版地)，出版年、卷、期或出版日期，页码或版次(任选)，影印或其他方式出版的合订本版本信息。范例：[2]王晴佳：《中国二十世纪史学与西方——论现代历史意识的产生》，《新史学》(台北)第 9 卷第 1 期，1998 年 3 月，第 55—82 页；(3)外文文献引用格式：著作、著作中析出文献、连续出版物析出文献注项与顺序同中文，但须用英文标点，即责任者与题名间用英文逗号，著作题名为斜体，析出文献题名为正体加英文引号，出版日期为全数字标注，责任方式、卷册、页码等用英文缩略方式。范例：著作：[1]Randolph Starm and Loren Partridge, *The Arts of Power*: *Three Halls of State in Italy*, 1300 - 1600, Berkeley: University of California, 1992, pp. 19 - 28；译著：[2]M. Polo, *The Travels of Maco Polo*, trans. by William Marsden, Hertfordshire: Cumberland House, 1997, pp. 55, 88.

参考文献的编写格式要求：(1)期刊作者. 题名[J]. 刊名，出版年，卷(期)：起止页码；(2)专著作者. 书名[M]. 版本(第一版不著录). 出版地：出版者，出版年：起止页码；(3)论文集作者. 题名[C]. 编者. 论文集名. 出版地：出版者，出版年：起止页码；(4)学位论文作者. 题名[D]. 保存地点. 保存单位. 年份；(5)专利文献题名[P]. 国别. 专利文献种类. 专利号. 出版日期；(6)标准编号. 标准名称[S]；(7)报纸作者. 题名[N]. 报纸名. 出版日期(版次)；(8)报告作者. 题名[R]. 保存地点. 年份;(9)电子文献作者. 题名[电子文献及载体类型标识]. 文献出处,日期。

研究生如懂得论文引注的重要性、论文所涉及内容中哪些须写引注以及如何正确、规范地写作引注,并在论文写作中自觉实行,就遵循了学术规范,就能避免犯诸如安布鲁斯所犯的错误。

参考文献

[1] [美]弗来德·巴尼斯. 我忘了用引号[N]. 标准周刊,2002-01-14.
[2] 孝文. 美国名家也抄袭[N]. 青年参考,2002-01-27.
[3] 汪荣祖. 抄袭之风何时了[J]. 近代中国研究,2002(2).

(朱宝荣)

3. 一个被偶然揭发的“事件”
——范德马克的学术剽窃事件

布赖恩·范德马克(Blaine Fademark)是美国久负盛名的海军学院历史系教授。由于他知识渊博、学术功底深厚,社会影响颇大,在美国史学界与社会公众心目中具有相当的权威性。他也得到了学术书籍出版商的青睐,曾写作过多部颇具社会影响力的著作。他与美国前国防部长罗伯特·S·麦克纳马拉合作共著的《回顾:越战的悲剧和教训》对美国及世界都具很大影响。范德马克在国际学术界具有一定的影响力,他曾多次受邀在英国著名学府牛津大学演讲,其专业学识深受史学专家(尤其是年轻学者)的崇拜。

2003年3月,范德马克出版了一部新的历史著作,即《潘多拉魔盒的守护者:9个男人和核弹的故事》。该书讲述的是发明核弹的9名科学家的生活,并细致描述、剖析了这9位科学家因为核弹发明给世界所带来的巨大冲击而面临的精神困扰。该书出版后,起初赢得了读者的普遍好评。然而,世事往往会应验中国的一句老话——“无巧不成书”。为了进一步扩大该书的影响,范德马克计划为自己的著作开展一次书评活动,并请《洛杉矶时报》具体组织实施。《洛杉矶时报》在酝酿书评专家时,美国史密森氏国家航空和空间博物馆馆长、核技术历史学家赫尔肯进入了他们的视域,因为无论从学识地位还是专业知识考量,赫尔肯都是一位十分合适的书评专家,况且赫尔肯早在1981年出版过《必胜武器》一书,该书在内容、情节方面与范德马克的新书有某些类同之处。于是,赫尔肯应美国《洛杉矶时报》之邀,为介绍范德马克的这本新书做书评。然而,赫尔肯在仔细阅读《潘多拉魔盒的守护者:9个男人和核弹的故事》一书时,奇怪地发现该书讲述的某些情节竟然与自己在《必胜武器》一书中所描述的几乎雷同。例如,《必胜武器》一书中写过一段:“从爆炸点往外延伸、方圆半英里(800米)以内满目疮痍,建筑全都成了瓦砾,已经看不出某一堆瓦砾属于原来这一栋建筑还是相邻那栋的了。”而范德马克的新书中也描写了同一幅场景,遣词造句仅比赫尔肯的版本少了两个单词。“这简直令人难以置信”,赫尔肯说,“你很难相信竟会有人这么干,尤其是这个人还来自海军学院”。

剽窃行为可耻

赫尔肯发现自己作品被他人剽窃这一偶然性“机遇”,实际上揭开了一起学术剽窃事件,而这一发现对范德马克而言是“不幸”的。此后,另外几名学者也认真阅读了范德马克的新书,竟然发现它与赫尔肯的《必胜武器》一书有多处"似曾相识"的内容。经过考证,《潘多拉魔盒的守护者:9个男人和核弹的故事》一书中涉嫌剽窃他人著作的五十多个段落被列了出来,而这些内容如按学术规范,都应注明出处。尽管范德马克在书的"参考书目"一栏中,把包括赫尔肯的书在内的他人著作都列上了,但书中"引用"他人的所有段落均未加标注解,甚至连引号都没用,明显构成剽窃。

范德马克学术剽窃败露后,范德马克本人仍然坚持维护其作品的"清白",但他愿意"承担矫正错误的责任"。范德马克在家中接受《纽约时报》采访时辩称,书中那些被指控剽窃他人作品的段落都属于"合理的同义转换",但他同意,这本书再版时会为那些引起争议的词句"换个说法"或者加上出处注解。对于范德马克事发后的表态,美国海军学院的同事们感到惊讶,因为他们印象中的范德马克应是个治学严谨、作风正派的学者,而现在似乎一反常态。

2003年4月2日,美国海军学院表示,将对范德马克教授涉嫌剽窃他人著作的事件展开内部调查。其实,这一声明实乃不得已之举。美国《纽约时报》2003年5月31日首先披露了这一消息,这给海军学院和范德马克本人的声誉蒙上一层阴影。海军学院的一位官员告诉记者,范德马克目前仍留在学校内,在学校职员组成的调查小组得出结论前,范德马克在学院内的身份和地位不会受到影响。

此后,海军学院在查询、专访的基础上,认定范德马克犯了严重学术不端,并给出了处罚决定:撤销范德马克终身教授资格,降为助理教授;年薪削减一万美元。

【点评】

范德马克的剽窃之作竟然会邀请被抄袭者(即原作者)做书评专家,结果范德马克的剽窃行径终于被被抄袭者本人在偶然中所发现,这应该是一种巧合。然而某人的学术剽窃一旦实施,便成为一种客观事实,它究竟会被何人发现,何时、何地会被发现,其中存在偶然性。因为,剽窃者的行为取向及其他(她)的学术地位与名誉、学术制度与学术监管状况、学术共同体的学术规范意识、诸多人为因素等均会对剽窃事件的揭发与曝光的时点产生加速与延缓效应。但事实终究是事实,客观存在的事实迟早会曝光于世,则是必然的。

有鉴于此,作为活跃在学术研究领域的研究生,应切记两点:

其一,在学理层面,研究生要懂得“偶然”与“必然”的辩证关系,即任何事物在其发展中往往会表现出两种趋势:一是必然性;二是偶然性。必然性是事物发展中合乎规律的确定不移的趋势,它在事物发展过程中居支配地位,决定事物发展的方向。偶然性则是事物发展中并非必定如此的不确定的东西,它对一事物发展过程而言,特定的偶然性可以出现也可以不出现,可以这样出现也可以那样出现,所以偶然性不是事物发展过程中居支配地位的趋势,它对一事物发展过程仅起着加速或延缓作用,或使之带上这样或那样的特色。此外,必然的东西是偶然的,没有脱离偶然性的必然性。同样偶然的东西也是必然的,没有脱离必然性的偶然性,必然性要通过大量的偶然性表现出来,而偶然性则以必然性为基础,它的背后隐藏着必然性。依据偶然性与必然性的这种辩证关系,就不难理解行为者剽窃事件被揭露进程的曲折性及其最终必然会曝光于世的确定性。研究生只有从思想上真正认识到实施学术剽窃的必然结局,才可能规范自身的学术行为,不至于触碰“学术高压线”。

其二,在实践操作层面,有了相对正确的认识,但未必能随时掌控自己的行为取向。因为,现实社会存在太多的客观因素,它们会对研究生产生诱惑力,会动摇研究生的意志,会在一定程度上改变研究生的原有认识。因此,研究生在具体的学术活动的各个环节,都要三思而后行,对任何可能触犯学术规范的行为方式,均应加强自律性思考，应作长远且具前瞻性决策，决不能被眼前小利所诱惑，要能克制侥幸心理与情绪冲动，使自己的学术行为始终为理性所掌控。

参考文献

[1] 沈敏.拿同义转换为窃书开脱，美国知名教授涉嫌剽窃丑闻[EB/OL].新华网，2003-06-03. http://www.xinhuanet.com.

[2] 李立.美国人如何对待学术造假.新京报，2010-07-27.

（朱宝荣）

4. 引起国际学术界轰动的一篇诈文

——索卡尔事件的启示

1996年5月18日，美国《纽约时报》头版刊登了一条新闻：纽约大学的量子物理学家、科学哲学家艾伦·索卡尔(Alan Sokal)向著名的文化研究杂志《社会文本》递交了一篇文章，标题是“超越界线：走向量子引力的超形式的解释学”。在这篇文章中，作者故意制造了一些常识性的科学错误，目的是检验《社会文本》的编辑们在学术上的诚实性。结果，《社会文本》的5位编辑却未能发现这是一篇诈文，未能识别出作者有意识捏造出的一些常识性科学错误，更未能关注到索卡尔在编辑们所信奉的后现代主义与当代科学之间有意捏造的“联系”，经主编们一致通过，同意发表该文，于是引起了学术界的一场轰动，这就是著名的“索卡尔事件”。

索卡尔教授在政治上是左派、一位女权主义的同情者。1994年，索卡尔阅读了由美国生物学家格罗斯与数学家莱维特所撰写的一本题为《高级迷信》的书。该书对以后现代主义、文化研究和科学研究名义而出现的思潮进行了猛烈抨击。这本书获得了其支持者(其中有很多科学家)的一致喝彩，认为它勇敢地揭露了后现代知识分子的“皇帝的新装”。在读了这本书之后，索卡尔觉得他的政治上的同盟，特别是被称为“学术左派”的那些人，竟然日益趋向否定学术的内在标准，在理论上竟然把学术话语都化约为以争夺社会地位或话语权为主旨的政治之争。他们甚至把数学公理、物理学规律也看成是“社会建构”的产物，甚至大肆提倡对“科学话语霸权”进行文化政治意义上的抵制。对此，索卡尔深感焦虑和困惑，也为后现代反科学思潮的泛滥而感到震惊和不安，于是决定做了一个“实验”，即给当时学术左派的阵地《社会文本》杂志撰文、投稿。

从1994年起，索卡尔开始构思、撰文。他计划要写出一篇其中充满科学元勘和文化研究中最荒唐错误的文章，即：该文要求助于权威而不是论证的逻辑、证据，一篇难以理解的散文，其中胡乱套用科学理论，肆意攻击科学方法。但索卡尔意识到必须为之进行充分的准备，一方面，让该文“坏”得足以满足上述标准，变成一篇纯粹是胡说或错误的文章；另一方面，让该文“好”得不能让杂志的编辑们察觉出它的意图。像所有有学术责任心的学者一样，索卡尔进行了充分的准备。为了寻求后现代主义与当代科学的“联系”，他收集了几乎所有的重要文献(这可以从诈文的参考文献中看出)。在此基础上，索卡尔模仿《社会文本》杂志文章的风格，将量子物理学中的术语、后现代领军人物的常用术语和他自己恣意捏造的词句拼接在一起，终于构造了一篇自认“完美”的文章，以表明后现代哲学的进步已经被后现代科学，特别是量子物理学的后现代发展所“证实”。据此，他把这篇文章名命为“超越界线：走向量子引力的超形式的解释学”。此外，为了检验杂志编者在审稿过程中的责任心，他还在行文中间插入一些凭常识就能看出来的低级谬误，看看编辑是否会放行。

完稿后，索卡尔向他的朋友透露，他准备把这篇稿子投给《社会文本》，但他的朋友告诫他：你的意图很可能被这一著名杂志的精明的编辑们识破，最好投给另一不太出名的杂志，但索卡尔出于从知名度与影响力考虑还是坚持了己见。《社会文本》创刊于1979年，是一种每期以一个专题进行讨论的双月刊，由斯坦利·阿诺罗维兹(纽约市立大学的社会学教授)、约翰·布伦克曼(纽约市立大学英语教授,文学杂志 Venue 的编辑)、弗雷德里克·杰姆逊(杜克大学文学系负责研究生工作的主任)等主编。《社会文本》曾经发表过许多著名的左派学者的文章。到了 1990 年,《社会文本》已经成为文化研究学者最向往的杂志之一,在文化界享有很高的声誉,美联社称它为"一份受人尊敬的社会科学杂志"、《盖勒特新闻导报》(Gannat)称它为"一份有影响的学术杂志"、《纽约时报》称它为"一种善于在文化论战领域中创造一种趋势的杂志"、《波士顿太阳报》称它为"一个左翼批判研究的代言人"、《华盛顿邮报》称它为"一种后现代社会科学杂志"。可见,索卡尔要想在《社会文本》上寻求突破口是困难的,这不仅是因为其编辑队伍,而且还因为这一杂志根本就不缺少稿源。

《社会文本》编辑部在收到索卡尔的诈文后,安德鲁·罗斯代表编辑部向索卡尔发了一个电子邮件,向他表示感谢,说他给编辑部送交了一篇"十分有趣的文章"。与此同时,罗斯计划组织一个专刊,以回击《高级迷信》一书所带来的对科学元勘的批判。1995 年 3 月上旬,罗斯写信给索卡尔,告诉他,准备把他文章收集到"科学大战"专刊中,同时要求他做一定的修改,特别是删除部分过长的批注和参考文献(因批注和参考文献加起来,超过了正文)。索卡尔回信说:他对编辑部能够把他的文章放入"这种论战的语境"中而感到十分感激和鼓舞,同时拒绝作任何删改,因为"批注是推论的不可分割的一部分……证据对我的文章来说,是最为关键的,不能够被省略或删除"。接着,索卡尔在给《社会文本》编辑的电子邮件中进一步解释道:"我的文章是同时为两种人而写的:一是《社会文本》的大众读者,二是科学家,让科学家对文章所述有所认识,而不管这些科学家是否喜欢客观存在。"索卡尔同时表示:如果注解被删除的话,"那么就可能使我的文章敞开了被有某种倾向的科学家进行无情的攻击的大门"。尽管编辑事后声称索卡尔的文章看起来有点

“做作”，但《社会文本》之所以接受它，是因为它出自一个物理学家之手，这对他们来说，是十分难得的。于是，这篇毫无学术内涵的“诈文”，竟然被作为正式论文全文发表！

索卡尔诈文的大部分编辑工作是由罗斯完成的（包括与索卡尔的通信）。罗斯和索卡尔都是纽约大学的教授，他们的办公室在同一个校园里。然而，他们在空间上的近距离仿佛与他们在学术观点上的巨大差异毫无联系。纽约大学的物理系在美国并不出名，而罗斯在美国大众文化研究领域中的影响却很大（虽然其早期的工作是近代诗歌），他领导着一个资金来源十分丰富的美国研究计划。《纽约时报杂志》曾经用一整版篇幅刊登过他的一幅穿着当时十分流行的夹克的彩色照片，大有一种作为大众明星教授之势。罗斯在某种程度上代表着索卡尔所批判的那种影响十分广泛的文化思潮，因此可以这样说，正是罗斯的威望帮助了索卡尔的诈文在读者中广泛传播。

其实，就在《社会文本》准备发表这篇诈义的同时，索卡尔就已着手准备对自己的诈文进行曝光的工作。在他的“诈文”发表后不到一个月的时间内，他的另一篇文章便在《大众语言》杂志上发表，题目是：“曝光：一个物理学家的文化研究实验。”该文宣称他的“文化实验”足以表明，《社会文本》杂志的编辑们已经放弃了有学术水准的真学术，而代之以冒充学术的意识形态话语权的争夺战。索卡尔认为，他向公众抖露出这个“实验”的结果，是为了将自己认同的政治左派和女权主义者从迷途中拯救出来，只有回到摆事实讲道理的正道上来，才能真正把左派政治实践和女性解放运动建立在坚实的基础上。

“索卡尔事件”的曝光即刻以丑闻的方式进入《纽约时报》头版，震惊了学界内外，人们称之为“诈文”、“玩笑”、“一场恶作剧”、“一场骗局”。同时，该事件触发了一场席卷全球的科学与人文的大论战。

论战的一方是由科学家、持实证主义立场的哲学家组成的科学卫士;另一方则是后现代思想家结成的联盟。世界众多著名的媒体参与其中,引起了人们的广泛关注。许多著名的报纸,如美国的《纽约时报》、英国的《泰晤士报》等都参加了讨论。众多的出版社,如普林斯顿大学出版社、杜克大学出版社、纽约大学出版社、哈佛大学出版社、牛津大学出版社等,纷纷出版或正在计划出版有关方面的著作;已出版的著作有保罗·格罗斯、罗曼·莱维特和马丁·刘易斯主编的《飞离科学与理性》(1996);N·克瑞杰主编的《建立在沙滩上的房子:后现代主义者的科学神秘性的曝光》(1998);艾伦·索卡尔和杰·布里克蒙特的《时髦的胡说:后现代知识界对科学的滥用》(1998);罗曼·莱维特的《普罗米修斯的困惑:科学与当代文化的矛盾》(1999);斯尼尔·莱维特主编的《识别错误:在政治方向上论战的第二波》(1999);《大众语言》杂志编辑部出版了《索卡尔诈文》(2000);芝加哥大学计划出版《后现代之后》(布里克蒙特主编)。可见,索卡尔事件确是一场真正的科学与人文的大论战,在人类思想史上,还没有出现过涉及面如此广泛的论战,它几乎涉及人类文化的各个领域,吸引着全球如此众多的科学家、哲学家和人文学科研究者的介入,而且这场论战已经进入到大众传播媒介,引起人们的广泛注意。

【点评】

现代科技除发挥了强大的生产力功能之外,正与社会各领域相互作用,已体现出明显的精神、文化功能。于是,学界逐渐形成了一种以科学技术为对象的研究取向,即科学元勘(science studies)。在此背景下,作为人文社科研究者应高度关注现代科技对现代学术思潮的影响效应。只有全面、深刻地理解学术思潮在科技渗透中呈现的新特点与发展趋势,才有助于增强自身的学术敏感度,及时识别各种错误的学术思潮，以避免犯诸如《社会文本》杂志编辑们所犯的常识性错误，这是本案例给我们的启示之一。

当然，作为一个严守规范的研究者，决不能像索卡尔那样恣意捏造词句、编撰毫无学术内涵的“诈文”，在学术界制作“恶作剧与骗局”，行出尔反尔的伎俩，故意引起学术界思想冲突与混乱，这种违反学术诚信准则的行为，最终必使自己的名誉、地位受损，这是本案例给我们的启示之二。

所以研究生在从事学术研究时，应从索卡尔事件中汲取教训，以增强自身的价值判断力和道德责任感，牢牢把握学术研究的正确方向、澄清模糊认识、匡正失范行为，成为良好道德风尚的建设者、社会文明进步的推动者。

一般认为，研究生在学术活动全过程中容易背离诚信准则、可能发生学术失信行为的有以下3个环节：

其一，协助导师或其他资深教授申报国家指令性研究课题时，应诚实、守信，遵循学术道德规范，不搞欺骗、作假。例如，有的研究生渴望在竞争中获胜、取得课题与经费，往往会故意夸大有利于自己的个人信息，提供虚假的学术经历、学术成果、学术证明，或伪造与篡改专家鉴定评语以及与其他学术能力相关的证明材料。又例如，有的研究生会故意贬低他人的学术成果，人为编造“学术盲点”，为自己预留研究空间，以片面、不实的论证突显拟申报选题的重要性，夸大其意义和价值。再例如，有的研究生会采取剽窃行为，未经他人允许而把别人的学术成果或研究方案纳入自己的项目申请书中，以显示自己学术研究成果丰硕，欲骗取课题评委的好评。研究课题申报中出现的诸如此类的虚报、作假、剽窃与欺骗等均属典型的学术欺诈行为。

其二，整理研究资料以形成学术观点时，要谨防故意编造数据、资料与事例，以虚假事实证实自己预设的观点与设想，骗取相应的学术评价与名利。部分研究生在缺乏原始数据、资料的情况下，又试图利用此类数据、资料建构完整、系统、自圆其说的学术观点。此时，他们往往会故意编造数据、资料与事例，以自编的虚假事实去填补原始数据、资料的不足，做出部分具虚假性的观点、见解，以使自己的学术观点显得完整、严密，试图证实自己预设的观点与设想的正确性。然而，此类无事实依据的具欺诈性的论点并非源于对客观数据、资料的提炼，而仅是纯主观的"臆造"，因而本质上不属学术观点，也经不起事实的检验，迟早会被证明是错误的。

其三，评价个人研究成果时，要谨防故意夸大其学术价值、言过其实构成的学术欺诈。人文社科类研究的学术成果应体现新思想、新观念、新思路。尤其是，反映研究生学术水平的学位论文、学术论文必须具有个人观点、独特见解(即学术创新点)，这是评价论文质量，进而决定研究生能否取得相应学历、学位的关键性要素。有鉴于此，当部分研究生深知自己搜集的研究资料严重不足、分析与研究深度不够、形成的学术观点缺乏创新性时，但为了使自己论文能顺利通过评审与答辩，会想方设法对自己学术观点进行修饰、包装，或故意夸大自己学术观点的重要性与学术价值，使原本的学术观点变得严重"失真"，试图获取评委的高度评价，这是一种在投机、侥幸心理支配下的欺诈行为。

由于学术欺骗试图以虚报、编假等不正当手段取得自己所追求的学术评价与名利，因而欺骗事实一旦败露，欺骗者的学业、名誉、地位必然惨遭冲击，甚至身败名裂，遗憾终生。对此，研究生千万要注意，不要因小失大。

参考文献

[1] 蔡仲."索卡尔事件"与科学大战[M].南京:南京大学出版社,2002.

[2] 艾伦·索卡尔.曝光——一位物理学家的文化研究实验[J].蔡仲译.大众语言,1996(5,6).

[3] 江晓原.索卡尔诈文事件是非及其意义[EB/OL].新浪博客,2006-05-29.

(朱宝荣)

5. 玉女的陨落
——科赫·梅林的博士论文抄袭事件

科赫·梅林(Koch Mehrin)1970 年 11 月 17 日生于德国伍珀塔尔市,她于 2001 年在著名的海德堡大学获得经济学博士学位,博士学位论题为"经济和政治间的历史货币联盟"。

梅林

科赫·梅林勇于挑战男权,故成了女性主义的先锋。2005 年身为德国女议员的科赫·梅林接受德国《明星周刊》的采访时自愿"曝光"一组孕期的大肚照片,毫不讳言地说,她就是要用大肚来"挑衅"这个男权社会,争取女性平等和解放。

科赫·梅林被德国自民党寄予厚望,2009 年被选为欧洲议会副主席。正当这位"美女议员"春风得意之时,德国却刮起了一阵强烈的追查政客论文抄袭之风。在前国防部长古滕贝格的论文抄袭事件败露之后,"抄袭猎人"便将其搜索锁定了科赫·梅林。尤其经初步调查发现科赫·梅林确有抄袭嫌疑之后,针对科赫·梅林的指控即刻出现在互联网上,引起了社会的广泛热议。于是,作为科赫·梅林母校的德国海德堡大学便启动了对该事件的调查工作。经多方取证,海德堡大学初步证实科赫·梅林在其 2000 年提交的博士论文中确有“实质性”抄袭行为，其整篇论文中有多达120处存在抄袭嫌疑。2011年5月，科赫·梅林的博士论文被德国新开张的两家“学术维基”网站盯上。其中一家通过电脑对比软件测试显示，科赫·梅林的博士论文的抄袭指数约为27.36%，达到55页之多。据此，海德堡大学最后的结论是，从文章的质量和数量上来看，由于这篇论文没有完成独立的科研调查，因此海德堡大学做出了取消科赫·梅林博士学位的决定。

随后，这名女政治家做出了迅速回应。她在提交给海德堡大学的一份个人声明中写道：虽然自己的论文存在不足，出处不准确、不认真，有时甚至有错误，但这篇论文得出的结论也是建立在自己科学实践的基础上完成的。因此，她认为，博士授予委员会做出的决定十分“突然”。

尽管科赫·梅林试图为自己辩护，但社会对论文抄袭的强烈指控，使这位女政治家自感力不从心，最终只得辞去了所有政治职务，其中包括欧盟议会副议长、欧洲议会自民党团主席等职务。她希望通过辞职，避免家人受到舆论的压力。幸运的是，科赫·梅林侵犯版权的行为已经超过了法律追诉期，因此国家检察院表示免于对她的抄袭行为进行立案调查。

【点评】

在一个把科学精神看作是德意志民族文化的国家里，由于对知识的崇尚，拥有高学历、高学位的智者颇受国民尊重，因而有助于他们在政治、行政、科学、技术、企业高层领域占据一席之地；同时，由于对规范的崇尚，国民对亵渎了德意志引以为骄傲的规范理念，视为对民族传统的极大蒙羞，因而具有强烈的反不端、反腐败倾向，这就决定了高校反学术不端的坚定性，同时产生了诸多与“学术维基”相关的组织、机构，且发起了各种形式的反抄袭、剽窃运动。正是在这种特殊的民族氛围之中，德国国家层面的3位高官（德国前国防部长古滕贝格、德国前教育部长沙范与欧盟议会前副议长科赫·梅林)因其自身的学术不端而身败名裂则是必然的,这体现了德意志民族在学术上捍卫科学精神的坚定信念。

就我国而言,近年来为加强对高校、科研院所研究生学位工作的规范与监管,国家职能部门已先后颁布了诸多相关文件。例如,2012 年 11 月 13 日教育部发布了《学位论文作假行为处理办法》。文件规定:"发现学位论文有作假嫌疑的,学位授予单位应当确定学术委员会或者其他负有相应职责的机构,必要时可以委托专家组成的专门机构,对其进行调查认定。"如"学位论文作假行为违反有关法律法规规定的,依照有关法律法规的规定追究法律责任"。可见,我国已从体制、机制上对学位论文作假行为的调查、认定与处理做了全面规划,以制度形式防范学术不端已进入常态化运转模式。可以预料,随着我国对制度建设的不断完善,对研究生学术行为的监管力度必然会不断强化,任何有违于学术规范的行为都将受到相应惩处。所以,研究生在学术论文与学位论文撰写的各个环节中千万不能萌生诸如抄袭、剽窃之类的投机心理进而采取相应的行为方式,否则,不端事件即便是 10 年、20 年后被揭发或曝光,其危害性仍将是极为严重的,本案例中科赫·梅林的结局正是如此。

参考文献

[1] 窦小文.德国女议员用肚皮捞资本[N].世界新闻报,2005-03-14.

[2] 林杉.他们都被博士帽绊倒[N].钱江晚报,2012-04-09.

[3] 德国"政治洁癖"给人启迪[OL]. http://paper. dzwww. com/dzrb/content/20130212/Articel03004MT. htm.

(杨庆峰)

6. 德国国防部长何以会身败名裂
——古滕贝格的博士论文抄袭事件

卡尔·特奥多尔·楚·古滕贝格(Karl Theodor zu Guttenberg)有德国贵族血统,其家族产业包括一座14世纪的古堡,妻子史蒂芬妮也系出名门。

2006年,古滕贝格在拜罗伊特大学获得博士学位。当时博士论文的论题是"宪法与宪法条约:美国和欧洲的宪法发展"。

古滕贝格自2009年在政坛亮相以来,一直是默克尔内阁里最受欢迎的政治明星,他先担任经济部长,随后改任国防部长。上任时,古滕贝格是万人迷,作为当时德国最年轻的经济部长,他在短短几个月赢得了70%的支持率,人称"德国奥巴马"。人们甚至一度预测,他会是默克尔的继任者。

然而,2011年2月,德国不莱梅大学法学院教授雷斯卡诺在一次例行检查中发现,古滕贝格的博士论文《宪法与宪法条约:美国和欧洲的宪法发展》多处引用报纸和学术文章内容,却未注明出处,其中一整段甚至原封不动地照搬自一篇新闻报道,论文中一些引用内容的出处也标注错误。还有人指责,古滕贝格从"导言"开场就长篇照抄别人的文字,根本没有论述观点。由此,古滕贝格陷入了媒体质疑漩涡。随后,拜罗伊特大学的学术监察专员对古滕贝格的博士学位论文进行认真核查,认定论文属严重抄袭。

"论文抄袭"这一学术丑闻传出后,古滕贝格的闪亮星途瞬间黯淡下去。有上百人以“侵犯知识产权”向他提出刑法检举，检察院正式审理调查。至此，古滕贝格不得不承认犯了错误并道歉，但他并没得到民众的原谅，于是他无奈地向拜罗伊特大学提出申请，请求撤销自己的博士学位。

古滕贝格被剥夺了博士学位，但德国政界和民众依然不满意。因为，德国一直把科学精神看作是德意志民族的文化传统，无论大学教育、科学研究和技术开发，均在很大程度上传承了这份祖上遗传下来的“基因”，诚诚恳恳，精益求精，为国际科学界、工业界等树立了良好的学术与技术信誉。而古滕贝格无视科学的严肃，无视高等学府的尊严，居然把博士论文当儿戏，这从根本上亵渎了科学精神，亵渎了德意志引以为骄傲的民族传统，使德国学术界在国际社会蒙羞。于是，德国全国上下掀起了大讨论，民众不断施压要求古滕贝格辞职。尽管古滕贝格在德国联邦议院接受质询时诚恳认错，但反对党依然指责他是“说谎者”，并要求默克尔将其解职。但默克尔力挺爱将，称古滕贝格可胜任国防部长。此后，舆论要求古滕贝格辞职的呼声一浪高过一浪，民众甚至举行游行向政府施压。2 月底，超过 2 万名学者向默克尔递交了一份集体签名信，抗议默克尔“袒护”古滕贝格，这成了压倒古滕贝格的“最后一根稻草”。

最终，古滕贝格因(法学)博士论文抄袭事件，不仅被大学取消了已经授予他的博士头衔，而且他自己无脸面对国人，3 月 1 日，这位原本人气颇高的国防部长在如山的舆论压力下败下阵来。他在宣布辞职的新闻发布会上表示：“我是人，我也有人类的弱点，我也会犯错误”，“对于默克尔总理所给予我的支持、信赖和理解，我致以特别的感谢”，“这是我人生中最痛苦的一步”，“有关我工作和为人的争论使我不再能履行职责”，“我一直都做好战斗准备。但我已经达到了自己力量的极限”。由此，古滕贝格引咎辞去国防部长职位，永久告别了政坛。

【点评】

古滕贝格原本政治前景似锦，不少德国人认为他是未来竞选德国总理的热门人，然而，由于他在校期间的博士论文抄袭，结果不仅被剥夺了博士学位，而且无脸面对国人，只得引咎辞去国防部长职位，永久告别了政坛。这一事件再次明示学人，任何人的抄袭所为都将为此付出沉痛的代价。

所谓“抄袭”，即在论文或专著中表达自己学术观点时，如未经许可或授权，抄袭一定长度的蕴含他人学术观点的原始语句，或将他人的观点或观念作为自己的学术创新，均属“学术抄袭”。通常认为，“剽窃”与“抄袭”很接近，英文表达同为 plagiarize。但如严格界定，抄袭与剽窃之间在侵权方式和程度上有所差别：抄袭是指行为人不适当引用他人作品以自己的名义发表的行为；而剽窃则是行为人通过删节、补充等隐蔽手段将他人作品改头换面而没有改变原有作品的实质性内容，或窃取他人的创作(学术)思想或未发表成果进行主观加工而作为自己的作品发表。可见，学术抄袭是公开的照搬照抄，而学术剽窃则是在形式改变的表象中实现了隐蔽性的窃取。

在当今互联网时代，学术信息的传播已达到了前所未有的速度，了解与掌握他人最新的学术观点已变得轻而易举，这有助于提高学术研究的功效，但同时也为部分道德观念薄弱的研究者从事学术抄袭或剽窃提供了现实条件。客观地说，要从事学术研究肯定要参阅他人的学术研究成果，尤其是合理吸收与自己研究主题相关的最新、能反映当前学术研究最高水平的他人的学术思想是非常必要的。因为，具前沿性的学术思想能使自己的学术研究奠基于高水准的学术平台上，经研究容易形成学术生长点，有助于使自己的研究成果具创新性特征。于是，一个很现实的问题便摆在研究生面前，即合理利用他人学术成果与抄袭、剽窃他人学术成果之间的区别究竟如何正确界定？一般认为，对他人的学术观点、思想经理解、消化，用自身方式加以表述，但不能作为学术原创，且应以引注方式标明出处的行为可看作是对他人学术成果的合理利用：反之，如将他人已发表或未发表的作品，不注明出处，而作为自己的研究成果使用，或者将他人的学术观点、思想或成果冒充为自己原创则可视为对他人学术成果的抄袭、剽窃。

所以，研究生应自觉学习与掌握学术规范，且以此管控自己的学术行为，才有助于加强自身的道德修养，严以律己，做一个负责任的研究者。相反，如被一时的个人利益所驱动，抄袭或剽窃了他人的学术成果，此类学术不端一旦被揭露将会身败名裂，古滕贝格因博士论文抄袭而自毁前程就是一个沉痛的教训。

参考文献

[1] 颜颖颛. 德国防长古滕贝格因博士论文抄袭事件宣布辞职[N]. 新京报，2011-03-02.

[2] 黄鹤昇. 从古滕贝格博士论文抄袭事件看中国知识界[N]. 珠江论坛，2011-4-22.

[3] 孙进. 杜绝学术抄袭的德国[N]，中国教育报，2014-06-04.

（朱宝荣）

7. 他因十九个单词险失一世英名

——却伯教授学术剽窃事件

劳伦斯·却伯(Laurence H. Tribe)是美国哈佛大学法学院著名教授。二战期间,却伯的父母与一大批犹太人难民逃离战火纷飞的东欧来到上海。1941年,却伯出生于上海。度过难忘的童年时代后,却伯赴美谋生,成为美国的第一代移民。他凭借犹太人的天赋与苦学,单枪匹马,在美国打出一片"天地",最终成为哈佛大学法学院宪法学教授,且获得哈佛大学地位最尊崇的校级教授头衔(University Professor,哈佛最高头衔,当时全校合计仅19位)。

却伯法学修养深厚,他独著的美国宪法学教科书,地位显赫,如同美国法学界的《圣经》,多少年来影响了几代美国法律人。美国现任总统奥巴马就读哈佛法学院时,就是他的得意弟子,他很早就预言,奥巴马前途无量,因而却伯对奥巴马一路提携爱护。

却伯不仅学术功底深厚,还以学问卷入社会与政治而名满全美。他曾先后代理过三十余次最高法院民权宪法案件,可谓无役不与,其声望在美国法学界真是无人不知、无人不晓。尤其在著名的布什诉戈尔案中,却伯作为戈尔一方的主辩护人,对案件平息起了关键性作用,却伯的声望也因此达到了顶峰,成为美国自由派超级巨星。

不料风云突变,2004年10月,美国保守派喉舌《旗帜周刊》指控却伯犯了学术剽窃丑行。《旗帜周刊》指控的论据是,1985年却伯教授在出版的通俗著作《上帝拯救这个尊崇的法院》中，有一句共19个单词剽窃了弗吉尼亚大学教授亨利·亚伯拉罕〔Henry Abraham〕出版于1974年的一本名为《大法官与总统》的著作。其实，却伯的该本通俗著作是针对普通读者所写，而并非学术作品，所以却伯在该书中删除了所有脚注和尾注，但背景文献中仍提及亚伯拉罕教授的这部著作。由于百密一疏，未注明出处，剽窃弗吉尼亚大学教授亚伯拉罕的著作成了板上钉钉的事实，无可辩驳。

却伯教授学术剽窃事件一度成为美国各大报纸热议的新闻，也引发了各方对此事件的激辩。不少自由派学者，例如，法学院同事德萧维茨教授痛批保守派居心叵测，指控全无根据，是对却伯教授的肆意围攻。有人甚至挑明，2000年美国总统大选中的小布什与戈尔案，却伯教授当时不平则鸣，是民主党候选人戈尔在最高法院的代理律师，堪称美国自由派的“首席护法”。随后他在《哈佛法律评论》发表的相关学术论文上，甚至破天荒地将标题反排，对最高法院判决表达强烈抗议之情，让保守派更是恨之入骨，心结难解。因此有人认为，此次却伯的学术剽窃事件被曝光，与却伯教授结下梁子的保守派有关，保守派似乎是背后的主谋，对此应无异议。

身陷剽窃事件的却伯本人因媒体高调报道之后，深感自身面临人生的最大挫折与挑战，预料自己的一生英名可能毁于一旦。处于风风雨雨之中的却伯究竟该何去何从？是洗心革面，以最高学术标准为绳，公开道歉忏悔？抑或打出政治牌，指控保守派迫害自由派学者，换取外界廉价同情？一时成为摆在却伯面前必须尽快抉择的难题。

经过一夜未眠的痛苦反省，在《旗帜周刊》刊登报道次日，却伯教授作出重大抉择，真诚向亚伯拉罕教授与学术界公开致歉，表示未能注明资料来源，个人愿意承担全部责任。

此后，哈佛大学校长萨默斯先生及法学院院长卡根女士宣布成立由哈佛前校长博克组成的3人调查委员会负责处理。7个月之后，调查委员会提交了报告。根据报告的意见，萨默斯先生及法学院院长卡根于2005年4月联袂发表新闻稿，向外界清楚表达校院双方立场：却伯教授之错虽非有意为之，却违反学术伦理，所幸只涉及个别措辞，而非核心观点，故不予以处罚。但却伯教授期待成为最高法院大法官的多年夙愿，从此梦碎。这场来势汹汹的学术剽窃风波就此戛然而止，落幕收场。

【点评】

哈佛大学法学教授、美国宪法学头号人物、美国总统奥巴马当年的恩师劳伦斯·却伯，只因20年前的一本书里19个词的剽窃，被认定严重失误，险失一世英名。好在却伯自己在痛苦的思考之后，采取快刀斩乱麻的方式，选择公开承认错误，表达真诚歉意，最终赢得学界谅解。

透视整个事件，从中可清晰地发现3个层面聚焦"学术剽窃"所表达的基本立场与处事原则：其一，美国学界有相当严苛的学术规范，即在文章或著作中如表达的内容和他人文中所表达的句子连续有7个字相同(没有加引号和注明来源)，就可能被认为是抄袭或剽窃。这似乎在学界撒下一张密密的法网，使得许多人感到敬畏，不敢轻意触碰该"学术高压线"，从而对防范、遏制学术不端起了重要作用。其二，哈佛大学及其法学院对却伯抄袭事件并不装聋作哑、一味护短，而是经调查、分析后，以客观、理性、恰当、坦然的方式处理了这起学术剽窃丑闻，让事件圆满了结。其三，却伯本人是最为关键的，由于却伯遇事不慌，能十分理性地面对客观事实，并果断决策，在事发次日便公开承认错误，表达真诚歉意，最终赢得学界谅解，使这起学术剽窃风波尚未充分扩散之际便就此戛然而止，避免了一场可能由复杂社会政治因素引发的冲突事件。可见，正是在制度、监管和学术行为者相对理性的综合因素制约下，这起学术剽窃事件得到了相对合理的处理，其不良影响也被压缩到了最低限度。

却伯教授的学术剽窃事件使我们再次深刻地认识到学术抄袭、剽窃的危害性，行为者的过错（即使是相对轻微的过错，如同却伯仅抄袭了十几个单词）时过几十年之后，客观存在的事实在一定条件下仍难逃脱被揭发的宿命。这一现象说明，人不能犯错误，即使是小错误也可能酿成大祸害，使一生英名毁于一旦。此外，却伯教授处理自身过错的态度方式也能给我们诸多启示。过错者只有面对客观事实，勇于承认过错，真诚表达歉意，才可能赢得被伤害者以及学界的谅解，从而化解自身危机；反之，过错者如极力诋赖，试图掩盖事实与逃避现实，最终可能事与愿违，伤害最深的只能是剽窃行为者本身。

参考文献

[1] 俞飞. 我道歉、我认错——从哈佛教授剽窃风波说起[N]. 新京报，2010-07-24.

[2] 王江雨. 抄袭 19 个字也是学术上的严重失误[N]. 新京报，2015-04-15.

（朱宝荣）

8. 一次“无心的”错误毁了他一世美名

——奥格莱特里的学术抄袭事件

2006年，美国的一些民权人士掀起了声势浩大的“赔偿运动”，即向黑人奴隶后代赔偿的浪潮。一时间，一些美国教堂不仅就过去曾经参与的贩卖奴隶行为道歉，还有人正在考虑向黑人教会成员进行赔偿。不仅是教堂，美国的一些州和城市还通过规定，要求本地的工商企业公布自己历史上同奴隶制度的联系。这些城市包括芝加哥、底特律和奥克兰等。一些法庭还受理了类似的赔偿诉讼，并得到国际人权组织的关注。然而数年前，“赔偿运动”只有少数边缘性组织参加，影响也不大，但是在学者和律师的推动下，已发展成一场进入美国主流社会的运动，而这场“赔偿运动”的主要发起人之一就是哈佛大学法律学院黑人教授查尔斯·奥格莱特里(Charles Ogletree)。奥格莱特里不仅领导了这场“正越来越受到关注、同历史上的赔偿和维权运动相比、它在21世纪里更具有活力”的民权运动，并且作为一个学者，奥格莱特里学术功底深厚，无论在教学、学术研究方面，均极为出众，是美国社会十分著名的法律顾问。尤其是他学术成果丰硕，出版了诸多既有质量又有份量的名著，在美国法学界与当代美国社会颇具影响，使其成为哈佛大学法学院备受尊崇的学者、终身教授。

然而，就是这样一位在学术界与社会上受人尊重的学者竟然也曝出了学术丑闻。有人发现在奥格莱特里已出版的一本有三百八十多页的著作中，有 6 大段竟然与耶鲁大学法学教授巴尔金的作品几乎一字不差。这一学术抄袭事件震动了整个学界与社会，惊奇、议论、评析在媒体与学刊中比比皆是。

事发后，奥格莱特里立即在网上发出道歉信，并解释说，他犯了一个“无心的”错误。当时，因为自己工作十分繁忙，而又赶着要交书稿，在不得已的情况下，请两位研究助理协助他整理书稿。这两位研究助理就把巴尔金的文章插入了他的草稿，但是忘了加引号并注明出处，就此酿成抄袭事件。奥格莱特里说，自己已经通知了书商，在所有未售出的书中夹一页说明信。

哈佛校方经征询与调查，宣称已对奥格莱特里按校规进行了惩罚，不过哈佛校方并没有就惩罚的具体内容做出说明。法学院院长也在公开场合批评奥格莱特里犯了严重的学术错误，并强调学术品德是哈佛法学院的治学之本。

对哈佛校院方的决定，校内师生议论纷纷。许多学者建议校方撤销奥格莱特里终身教授的待遇。他们认为，当学术规范遭到侵犯时，不管是学生还是教师，后果同样严重。但由于哈佛以前极少发生教授抄袭事件，哈佛目前对这种行为还没有明文规定。哈佛校刊主任编辑斯特洛姆伯格称，奥格莱特里是明星教授，是哈佛法学院的巨大财富，被开除的可能性不大。有的学者则认为：奥格莱特里的公开道歉实际上已经是很大的耻辱，比起任何给予学生的惩罚都要严重。奥格莱特里教授的行为同样也引发了哈佛学生的不满。一直以来，哈佛对学生抄袭管得很严，如果被发现有抄袭行为，学生该学期的所有成绩作废，甚至被开除。2005 年哈佛就有 6 个学生因为抄袭而被迫退学。因此哈佛学生认为，抄袭的教授应该和学生一样接受严厉惩罚。

哈佛师生的议论并未使哈佛校院方对奥格莱特里的处罚有明显改变，师生无奈，只能拭目以待。

【点评】

抄袭一向被美国学术界视作最可耻的行径，但哈佛大学对奥格莱特里这位明星教授犯了学术抄袭应采取的处罚却显得十分犹豫，其中是否有其他隐情，我们不得而知。但从营造良好的学术氛围、维护学术规范的权威、从公正与公平的原则出发，我们相信哈佛校院方一定会对奥格莱特里做出公正、合理的处罚。况且，美国政府所属的研究诚实度办公室也会插手。该办公室负责的范围很广，反抄袭、反剽窃是其工作的重点之一。如果人们发现研究人员有抄袭、剽窃现象，都可以向该办公室投诉。由于该办公室还负责与发放研究基金的组织联络，因此，被该组织认定为抄袭、剽窃，很可能会从此断了研究人员的研究经费。

哈佛的部分学者认为，奥格莱特里的公开道歉实际上已经是很大的耻辱，比起任何给予学生的惩罚都要严重。确实，美国学者因抄袭、剽窃而公开道歉确是很大的耻辱，这会导致因抄袭、剽窃一次而臭名伴随一生的结局。如果著名学者出现了严重的抄袭、剽窃行为，美国很多高校会当即宣布，不再拿他的著作当教材。"总统史专家"古德温在被曝出剽窃丑闻后，就失去了"公共知识分子"的光环，特拉华大学原本想邀请古德温担任 2002 年毕业典礼主讲人，在其丑闻事件后也收回了邀请。可见在美国，教授一旦被发现抄袭、剽窃，即使不被开除，所受损失也是非常大的。但是，名誉受损并不能替代行政处罚，因为行政处罚所触及的是剽窃者的根基，即安身立命的本职工作。如一个学者受到了行政处理，甚至失去了本职工作及其主要经济来源，那么他（或她）及其家庭都会深受其害，这才真正触及剽窃者的痛处，也是促使剽窃者痛改前非、不再重犯的最有效的方式。

按奥格莱特里的分析，自己是因为一个"无心的"错误而落入如此下场，即两位研究助理把巴尔金的文章插入了他的草稿，但是忘了加引号并注明出处，就此酿成抄袭事件。即便如同奥格莱特里所说，奥格莱特里存在的两点错误仍是无法推托的：其一，学术研究须自己进行，学术专著须自己撰写，这是学术界的基本常识。然而，奥格莱特里却要求研究助理代替自己写作，这本身就是弄虚作假的行为。从严格意义上讲，当奥格莱特里在该著作上署名时，已经构成了剽窃，因为将他人的研究成果窃为了己有。其二，奥格莱特里触犯了学术规范。研究助理代替他完成书稿后，他本人不仔细核查，结果在自己的著作中引用了他人的6大段内容居然全然不知，成了未加引号、注明出处的学术剽窃，显然违犯了学术规范。

奥格莱特里的学术抄袭事件确实能给研究生诸多警示。例如，现在有的研究生热衷于找“枪手”代为自己写作学术论文与学位论文，结果“枪手”不负责任，东抄西凑，为你写了一篇“大杂烩”，其中存在大量的抄袭来的内容，而你可能全然不知。此类文章你一旦署名并在期刊上发表或作为学位论文，事情一旦败露，你将成为剽窃者。所以，找“枪手”代为自己写作学术论文与学位论文是极其危险的抉择，这会葬送你的学业乃至美好前程。

其实，我国的学术规范已明确规定，无论自己当“学术枪手”还是找“枪手”代为自己写作学术论文与学位论文，都要受到严惩。教育部于2012年11月13日发布、2013年1月1日起施行的《学位论文作假行为处理办法》中指出：“学位申请人员的学位论文出现购买、由他人代写、剽窃或者伪造数据等作假情形的，学位授予单位可以取消其学位申请资格；已经获得学位的，学位授予单位可以依法撤销其学位，并注销学位证书。取消学位申请资格或者撤销学位的处理决定应当向社会公布。从做出处理决定之日起至少3年内，各学位授予单位不得再接受其学位申请。”“为他人代写学位论文、出售学位论文或者组织学位论文买卖、代写的人员，属于在读学生的，其所在学校或者学位授予单位可以给予开除学籍处分;属于学校或者学位授予单位的教师和其他工作人员的,其所在学校或者学位授予单位可以给予开除处分或者解除聘任合同。”望在读研究生牢牢切记、严格遵循教育部的明文规定。

参考文献

[1] 飞语.情况严重将被开除 美国专门机构管教授剽窃[N].环球时报,2004-12-17.

[2] 俞飞.我道歉、我认错——从哈佛教授剽窃风波说起[N].新京报,2010-07-24.

(朱宝荣)

9. 因抄袭而辞职的教育部长

——沙范博士论文抄袭事件

沙范

2011年，当德国前国防部长古滕贝格因其博士论文抄袭而无奈辞职时，当时作为教育部长的安妮特·沙范(Annette Schavan)在接受《南德意志报》采访时曾说过这样的话："作为31年前博士学位的获得者、指导数名博士生的导师，我本人在小圈子内为他(指古滕贝格)感到羞耻。"但不幸的是，不久她自己也成为一个让人感到羞耻的人①。

2012年5月，万龙尼维基(VroniPlag Wiki)网站的一个匿名博客作者指责沙范在其1980年撰写的博士论文《个人与良知——当今良知教育的前提、必要性和需求》中，多处直接使用了别人论文中的内容却未注明其出处。当时沙范闻讯后对此予以全盘否认，且为表明自己清白，她主动要求杜塞尔多夫大学成立调查小组，对当时自己提交的博士论文进行重新评估。

杜塞尔多夫大学组织的特别调查小组经多方取证且做认真比对，发现沙范的博士论文中确有数十页未注明引文出处，存在蓄意

① 万龙尼维基网站，开通于2011年8月的维基网站，旨在检查和为德国博士论文抄袭提供证据。www.de.VroniPlag Wikia.com/Home/English.

抄袭、隐瞒事实和欺骗的企图。2013 年 2 月 5 日晚，德国杜塞尔多夫大学正式宣布，因沙范 1980 年提交的博士论文中存在“系统地、故意地抄袭了他人的思想”，因而决定取消现任教育部部长安妮特·沙范的博士学位。该决定公布后，引起了德国社会的强烈反响。当时正在南非访问的沙范立即表示：“我不接受杜塞尔多夫大学的决定，并将对此提出起诉。”

沙范的博士论文抄袭事件的披露，反对党却取得了要求沙范辞职的种种理由。德国绿党秘书长施特菲·莱姆克说：“我无论如何也无法想象，带有这个污点的部长怎么还能在德国主管教育?”社民党秘书长安德烈娅·纳勒斯说，沙范已经不再被信任，她应对自己的行为负责。左翼党教育政策发言人佩特拉·希特对《南德意志报》表示，负责教育与科研的部长首先应该扮演模范角色。当古滕贝格的博士论文剽窃事件闹得沸沸扬扬时，沙范曾公开表示，对古滕贝格的做法感到“十分羞愧”。而现在，德国网友称：“沙范该为自己的行为感到羞愧了。”

抄袭行为可耻

现年59岁的沙范任德国教育部长已有8年(2005年至2013年)之久,据说她是德国总理默克尔的亲信。取消沙范博士学位的决定公布后,默克尔并没有就此表态。此间媒体分析认为,沙范虽然有权对杜塞尔多夫大学提出起诉,但德国大学的科研是独立的,法庭很难裁定一个专业科研机构的决定是否违法。提出起诉可能为沙范赢得一些时间,但诉讼的过程旷日持久,这对处于德国大选年的执政党而言,反而可能会成为一种不利因素。因此,卷入博士论文抄袭丑闻数月后,德国教育和科研部长安妮特·沙范于2013年5月9日最终决定辞职。在辞职会上,沙范表示:“我想今天是离开部长一职的合适时间,我会集中精力履行议员职责。”

【点评】

德国左翼党教育政策发言人佩特拉·希特对《南德意志报》表示,负责教育与科研的部长首先应该扮演模范角色。如果排除佩特拉·希特的政治意图而对其此话做客观、公开的评价,显然他说的是正确的。作为主管一国教育与科研的部长如果不能以身作则,不能成为公众心目中的模范形象,就无威信可言,就无权教育他人,显然就不能成为一个称职的监管领导。性质更为严重的是,沙范的博士论文抄袭事实在被认定、确证的情况下,沙范仍然表示:“我不接受杜塞尔多夫大学的决定,并将对此提出起诉。”这种坚持错误、无视事实的态度给公众留下的印象是极为负面的。可以预料,如果没有选年角逐因素的存在,沙范恐怕不会如此迅速地做出辞职决定。

值得点赞的是杜塞尔多夫大学的决定。该校领导与特别调查小组成员坚持原则、尊重事实,对违反学术规范与道德规范的事件不讲情面、一查到底,最终敢于撤销主管高校的教育部长的博士学位,这一不畏强权、坚持捍卫科学精神的决定确实十分不易。诚然,德国的学界、媒体对沙范的学术抄袭事件也表现出很强的自主性,其公正、客观的评价,赢得了社会公众的支持与赞扬。

就沙范的学术抄袭案例而言,至少能给在读研究生两点启示:

其一,从沙范获得博士学位至其博士论文抄袭事件败露,期间经历了32年之久,也许沙范本人对久远的记忆已经模糊,但客观存在的事实并不会因时间流逝而彻底消失。作为文本档案的博士论文在当今信息时代被反复研读与搜索的频率之高是难以估计的,因而其中如蕴含有抄袭、剽窃之类的痕迹迟早会被有识之士所"破译",此时久远的学术不端事件便可能曝光于世,沙范32年前的博士论文抄袭事件的败露已有力地证实了这一点。所以,研究生对自身的学术行为应有前瞻性思考,不能仅为了完成当前学业、获得学历与学位挺而走险、从事学术不端,殊不知,凭借学术不端暂时取得的学历与学位,即便数十年之后仍存在被撤销的可能。

其二,有过学术不端污点的人,即便此后获得了很高的名誉、地位与身份,但这些名誉、地位与身份并不足以阻止自身不端事件的败露。作为德国教育与科研部长的沙范可谓位高权重,但她并未能阻止自身不端事件的败露,这说明试图依靠权势来隐瞒事实真相是徒劳的。既然客观存在的学术不端污点并不会因此后获得的名誉、地位而彻底消失,而学术不端污点的败露又可能影响自己的名誉、地位,因此永久性维护自己名誉、地位的最佳策略就是遵循学术规范,不搞学术不端。

参考文献

[1] 刘向. 德国教育和科研部长因博士论文风波辞职[OL]. 新华网,2013-02-09.

[2] 郑红. 德国教育部长被取消博士学位[N]. 人民日报,2013-02-07.

[3] 潘旭.德国大学初步认定德教育部长博士论文剽窃[OL].新华网,2013-01-23.

（杨庆峰）

10. 违反伦理道德的行为取向终究会曝光于世

——英国心理学家伯特的造假与欺骗事件

伯特

英国著名心理学家西里尔·伯特(Cyril L. Burt)曾在发生心理学、人格心理学、心智测量等领域均有较为深入的研究,尤其在一般智能与遗传因素的相关性研究方面卓有成就。他以同卵双生子作为被试,分别调查过不同的养育环境与学校教育对一对长期处于分离状态的同卵双生子的一般智能发展所具有的影响作用。经研究,伯特发现遗传因素和环境因素均对人的一般智能发展起决定作用,但相比而言,遗传因素对人智能发展起到更为关键的作用。由于伯特学术研究成果的影响力,使他获得了诸多荣誉和头衔,如英国教育问题管理委员会顾问、爵士、不列颠科学院院士等,并获多种荣誉博士学位。

然而伯特逝世后不久,针对他的批评声开始涌现,甚至有人揭发他学术造假与欺骗。所涉嫌的事件主要有:其一,编造施测被试人数。普林斯顿大学心理学家卡明在分析伯特的调查报告时发现,伯特在施测被试人数方面存在明显的造假行为。1955 年,伯特发表了第一篇关于被拆离的同卵双生子智商情况的报告，当时他声称对21对拆离的同卵双生子智商情况做了调研和分析。而在1958年发表的第二篇关于被拆离的同卵双生子智商情况报告中，将调查、施测的被试数增加到30多对。1966年，伯特发表了第三篇关于被拆离的同卵双生子智商情况报告，在此报告中则将调查、施测的被试数增加到了53对。那么，伯特的第二、第三份调查报告是否是在第一份调查报告的基础上做了新的调研、增加了新的施测被试呢？答案是否定的！因为有人证实，伯特1950年退休后，再也没有合作者，他本人也未做任何调查研究；其二，故意编造调研数据。为了与自己预设的调研结果相吻合，伯特精心修改调研数据，将3项调查中同卵双生子的智商相关性系数调高至0.944，并在一份列有60个相关系数的表格中，竟然有20个数据几乎等值，为此卡明指出："他那些支持遗传论立场的数据因为前后过于一致，所以常常失去了可信性。在分析方面，人们可以看到，这些数据和他想证明遗传论的努力一致得令人难以相信。人们不得不得出这样的结论：伯特舍去的数字根本不值得我们当代科学的注意。"此后又有学者指出，伯特在论文中不变的相关系数"严重违背了机遇法则，只能说明是错误的"。

更有力的证据来自利物浦大学心理学家赫恩肖的分析。赫恩肖是伯特的生前好友，出于对好友的信任，赫恩肖原本对那些指控伯特的言论极为愤怒，呼吁学术界不要忙着下结论。赫恩肖相信伯特的人格，且极力试图恢复他的名誉。然而，当赫恩肖受伯特妹妹委托给伯特写传记后，有机会阅读到大量的尚未公开的有关伯特的私人记录，这时赫恩肖才改变了看法。赫恩肖惊奇地发现，伯特在几篇关键的论文中确实编造了调查数据。他说："当我翻阅伯特的书信时，我被他自相矛盾和显而易见的谎言惊呆了，这些谎言是不可原谅的，而是明显的掩盖。"更使赫恩肖惊奇的是，从伯特自述的日记中证明，伯特竟然没有做过他自称的研究。有鉴于此，赫恩肖断言："结论只能是，伯特在那三次报告中搞的无疑都是欺骗。"于是，赫恩肖不得不在1979年出版的伯特传记中承认对伯特的指控很可能是成立的。同时，英国心理学学会也正式认同伯特存在学术造假行为。

【点评】

分析"伯特学术作假事件"，至少能给研究生两点启示：

其一，为加速科研进程，研究者在观察、实验中应遵循"典型性原则"，即将众多观察、实验对象进行比较，从中选出具有典型特征的对象。这种典型对象既具有与其他相类似的对象所共有的基本属性或特征，而内外过程和结构相对比较简单、特征变化比较纯粹和单一，对这种对象进行观察、研究，可变因素少、干扰因素小，比较容易揭示其固有规律。据此，伯特为研究遗传特质与一般智能的相关性，选择同卵双生子作为被试是十分正确的。因为，同卵双生子之间具有几乎相同的高级神经活动类型与遗传特质，因而成对个体的先天素质差异极小、可变因素少，这种被试就具有一定的典型性特征。如一对同卵双生子出于某种原因而长期分居、生活在完全不同的养育环境和学校教育之中，但现实智能却基本相似，这足以说明遗传特质与一般智能之间具有内在关联性。可见，伯特的研究思路是值得倡导的，而问题在于，伯特在研究资料处理中因作假和欺骗而违反了科研的基本准则——客观性原则。科研的客观性原则是指，研究者应从实际出发，采取实事求是的科学态度，按照研究对象的本来面貌去反映对象，而不能搞主观虚构。这是科研的基本要求和必要前提，否则将犯各类主观性错误，而无法取得具有科学性的研究成果。

其二，学术作假与欺骗或许在短时间内因隐藏严密而无法揭露，但此类违反伦理道德的行为取向，在一定条件下终究会曝光于世，致使行为者身败名裂。伯特的作假和欺骗尽管他在世时未能败露，但逝世后客观存在的作假和欺骗还是被揭露与曝光。这说明“如要人不知，除非己莫为”，学术研究中的任何侥幸与投机终将无法得逞。

参考文献

[1] 方舟子. 科学史上著名公案——伯特事件. 飞碟探索，2009(2)：24 - 25.

[2] 方舟子. 伯特事件. 经济观察报，2008 - 04 - 07(3).

（陈敬铨）

11. 一位科学家的堕落

——斯塔佩尔的学术造假事件

德里克·斯塔佩尔(Diederik Stapel)是荷兰蒂尔堡大学"社会与行为"科学系教授、系主任。他因在《科学》上发表了数篇颇具影响力的有关人类行为学的学术论文而震惊世界学坛,成为享誉世界学坛的明星学者,并因此受到诸多媒体的广泛关注。

斯塔佩尔是家中幼子,家住荷兰阿姆斯特丹旁边。高中时,斯塔佩尔成绩优异,热爱运动,还参与过戏剧的编写和演出。当时与他一起排演的一个同学玛瑟尔后来成了他的妻子。高中毕业后,斯塔佩尔曾到宾夕法尼亚的东斯特劳斯大学学习表演。很快,他发现自己并没有很高的表演天赋,便回到了荷兰开始学习心理学。

几年后,他申请了阿姆斯特丹大学的博士生,研究课题是"人们对别人的评判"。不过,他并没有得到这个研究岗位,另一位年轻人获得了这个机会,他名叫马塞尔·泽伦伯格。一年后,斯塔佩尔还是来到了这里攻读博士,这次,他的研究课题是"同化和异化效应",导师是著名心理学家威廉·库门。

同化和异化是已知的心理效应。当人们刻意地去注意一个抽象的概念——比如"诚实"或"傲慢"时——他们会更容易在别处注意到这个概念,这就是同化效应。异化效应则通常会发生在人们将某事跟一个实例做对比的时候,譬如,拿自己的身材与超级模特的身材比较。斯塔佩尔当时设计了一系列实验来证明人们的同化和异化取决于当时的具体情景。

作为导师的库门对斯塔佩尔的实验研究十分满意且给予高度评价，他说：“斯塔佩尔是一个天资过人、充满热情且勤奋努力的博士生。能与他一起工作是我的荣幸。”1997年，斯塔佩尔拿到了博士学位，并留校工作。

在阿姆斯特丹大学任教的3年中，斯塔佩尔写了几篇反响平平的论文。不管怎样，他当时的同事都认为他是个年轻有为的学者，他还获得了欧洲实验社会心理学协会的一个奖项。2000年，他来到格罗宁根大学任教。

随后，斯塔佩尔开始了一个新课题的研究：人们是否潜意识地受到暗示的影响？为此，他设计了几个实验，实验情境大致是：实验对象要坐在电脑前，屏幕上会有一个词或者一个图像，图或词闪现的时间仅为0.1秒钟，这样一来，这个词或者图像就没有足够的时间进入到实验对象的意识之中。随后，实验对象会被要求做一件事，以便考察暗示是否会造成影响。在以本科生为对象的实验中，斯塔佩尔要求实验对象在观看了闪现的照片后给自己的容貌打分，而闪现的图片有两种，一种是一张漂亮的人脸，而另一种是不漂亮的人脸。斯塔佩尔的假设是，比起那些看到不漂亮人脸的人来说，看到那些漂亮人脸的人应该会通过自动的异化效应给自己的容貌打较低的分。但实验并没有获得斯塔佩尔所期望的结果。这时，他只有两个选择——终止这种研究，或者重新设计实验。此时，他因抉择困难而花费了许多时间，最终他坚信自己的猜想是对的——“于是，决定自己创造一组数据”。

他坐在格罗宁根家里厨房的椅子上，对着电脑，输入了一批会让他得到理想结果的数据。他知道，要让这组数据看上去真实可信，这个效应不能太过于明显——哪怕是最成功的心理学实验都很少产生指向性很强的数据。斯塔佩尔逆向计算，得出了两个实验组理想的平均相貌分数值(区间为0—7),这个值既不夸张又能显示出两组数据在统计学意义上的不同。他编出了如“4,5,3,3”这样的数据,并承认,“我试图让它看上去更随机,而这是很难的”。在分析过程中,斯塔佩尔先得出了两组差别太过于明显的数据,于是,他不得不又重新删改了一些数据。之后的几天,他总共花了好几个小时,才得到了刚刚好的数据。此刻,他感到既难受又轻松。幸运的是,2004年,该项“研究成果”被发表在了《人格与社会心理学》杂志上。斯塔佩尔在兴奋之余,开始“意识到原来编造数据是可行的”。

斯塔佩尔的事业从此步入了“正轨”。在格罗宁根大学期间,他发表了二十多篇论文,其中有许多是与他的博士生们共同完成的,而他的学生和同事们却从未对导师帮学生做实验的不寻常行为产生疑问。

2006年,斯塔佩尔来到蒂尔堡大学,成了泽伦伯格的同事。大批学生开始涌向他的实验室,斯塔佩尔的影响力日益增大。2010年9月,他成了社会与行为科学系的系主任。此时,他完全可以把事业重心从学术研究转移到行政方面来,但无法抗拒编造数据的快感而使他忙于编撰一篇关于乌得勒支火车站研究的实验数据论文,这篇论文于次年发表在《科学》期刊上。学术威望的提升,引来更多的同事期待与斯塔佩尔合作新项目。

编造数据的快感使斯塔佩尔设计了一个新的实验:研究人们会不会在被暗示“资本主义”这个概念后消费更多的东西。他与他的伙伴设计了一份问卷,给实验对象在经过了两种略微不同的情境后填写。在第一个情境中,实验对象面前放着一个装满了巧克力豆的杯子,杯子上写着“资本主义”;而在另一个情境中,这个杯子上的字母被打乱了。尽管问卷中的问题都跟资本主义和消费有关,比如说大车好还是小车好。这个实验主要研究的是,在哪一种情境中实验对象会吃掉更多的巧克力豆(此实验并非原创,之前其他人也做过类似的巧克力豆实验)。斯塔佩尔和他的同事预测,实验对象会在第一种情境中吃下更多的巧克力豆。于是,斯塔佩尔让一个学生买了杯子和巧克力豆,随后,便把它们跟问卷一起装进了他的车里,驱车离开,他说要去他的一个朋友工作的中学做实验。事实上,斯塔佩尔将问卷扔掉后,回家称了一杯巧克力豆,在自己家里做实验。在实验问卷填答中,他用一个自己认为合理的速度吃着巧克力豆,完成问卷后再称一次,估算出自己吃了多少巧克力豆。然后,他便围绕这个实验开始捏造数据。可见,斯塔佩尔"是这个实验中唯一的实验对象"。

在斯塔佩尔为"巧克力豆实验"编造数据的同时,他在蒂尔堡的另一位同事维格霍思也找到了他,请他帮忙设计一个验证看到别人哭泣是否会引发情感认同的实验。斯塔佩尔对该实验主题做了巧妙的设计:他准备让小学生完成一个涂色的任务,其中一半的孩子要涂的卡通人物是面无表情的,另一半孩子要涂的则是一个正在流泪的脸。完成这个任务后,孩子们可以拿到糖果。这时他们便可以通过询问这些孩子是否愿意将糖果与他人分享(这是一种情感认同的表现)来验证预设的假说。实验设计完毕后,斯塔佩尔、维格霍思与一位助手一起准备了涂色卡和问卷。斯塔佩尔告诉维格霍思,他准备去一个他有熟人的学校做这个实验。几周后,他把维格霍思叫来,给他看了自己记在一张纸上的实验数据。维格霍思惊喜地发现,看到哭脸的那一组小孩明显地比另一组小孩愿意分享自己的糖果。维格霍思当时连声称好,认为"这个结果一定可以发表在高端的学术杂志上"。于是,维格霍思开始着手写论文,然而他又想知道男孩和女孩的反应是否不同,于是他要求斯塔佩尔把原数据发给他看。结果,斯塔佩尔的回答是原数据尚未被录入电脑。这使维格霍思感到十分吃惊,因为斯塔佩尔当时给他看了平均数、标准差,甚至还附上了验证问卷是否可靠的统计索引,而这些一般都需要电脑才能得出的。这使维格霍思对斯塔佩尔的实验数据产生了怀疑,察觉到有不寻常之处。此后,维格霍思咨询了一位退休的教授,教授反问他:“难道你真的觉得一个有斯塔佩尔那种地位的人会造假吗?”面对事实,维格霍思并未对斯塔佩尔实验结果消除怀疑,但屈服于斯塔佩尔这位系主任的权威,维格霍思只得“在那一刻,决定不上报此事”。

其实,在维格霍思之前已经有人对斯塔佩尔的造假有所传闻,但因没有确凿证据而无法调查,但斯塔佩尔收集数据的奇怪做法却经常受到质疑。2010 年春天,一个研究生在斯塔佩尔帮他做的 3 个实验中发现了一些古怪。然而,当该研究生提出要看原始数据时,斯塔佩尔却说他因疏忽而未将数据储存下来。之后,在斯塔佩尔升职成为系主任之后,这位学生在学校的健身房里将此事告诉了另一位年轻的教授。这位新来的教授得知此事后开始参加斯塔佩尔的实验例会,他在看到斯塔佩尔不管做任何实验都能得到那么漂亮的数据时惊呆了,他说:“我不记得我看到过任何失败的实验,这很反常。一般来说,哪怕是最优秀的心理学家都会有一半的实验是不成功的。”于是,这位年轻教授想通过与斯塔佩尔的合作项目来仔细观察他的工作方式,想仔细看看斯塔佩尔的那些漂亮的数据是怎样获得的。他俩一起设计了一些实验来研究那些让人们意识到有金融危机的商店会拥有更大方的顾客。两个月后,斯塔佩尔称他“一帆风顺地”完成了这些实验。他说他找到了对于金融危机的意识跟人们的慷慨程度有统计学意义上的联系。而当这位年轻教授在看到斯塔佩尔所获取的原数据时,发现了一些自相矛盾的数据,这些数据证实斯塔佩尔在造假。

2011 年某夏天时近午夜,斯塔佩尔接到了他的朋友兼同事马塞尔·泽伦伯格打来的电话,说有急事要见他。泽伦伯格当时是社会心理学院的院长、斯塔佩尔的顶头上司。斯塔佩尔到达泽伦伯格家后，斯塔佩尔问道："出什么事了?"敦实的光头男人泽伦伯格哽咽着解释说："有两名研究生提出指控，怀疑你涉嫌学术造假。"斯塔佩尔回答说，自己一定是受到了对头的诋毁，因为他当上系主任后，曾因工作上的事引起某些人的不满——所谓树大招风。当泽伦伯格追问到一些如"为什么你好几篇不同的研究中会出现一模一样的数字和图表"时，斯塔佩尔保证自己今后会更小心。而随着泽伦伯格的不断施压，斯塔佩尔变得越来越慌乱。最后，泽伦伯格问道："你到底有没有编造数据?"斯塔佩尔答："当然没有。"

随后，泽伦伯格将这起投诉转告给了校长菲利普·艾伦朗。艾伦朗是一位法学教授，经常跟斯塔佩尔一起打网球。周二下午，斯塔佩尔受邀来到了艾伦朗家里，积极地为自己辩解，不断强调他作为系主任的不俗表现，并表示，自己的研究方式只是"出乎寻常"而已。谈话进行了 5 个小时左右，最后，艾伦朗礼貌地将斯塔佩尔送出家门，但同时也清楚地表示，他并不相信斯塔佩尔的清白。

为探明事实真相，斯塔佩尔工作过的 3 所大学(阿姆斯特丹大学，格罗宁根大学和蒂尔堡大学)组成了联合调查小组，对斯塔佩尔之前发表的几十篇论文进行整理，以便彻查他的造假行为。除为了要清理斯塔佩尔的假数据之外，调查小组还需要鉴定斯塔佩尔这些论文的共同作者——其中包括他带过的 20 多位博士生是否也参与了造假。

一周后，大学联合调查小组完成了关于斯塔佩尔学术造假事件的调查报告。该报告明确了斯塔佩尔学术造假的事实，并清楚地表明许多在他指导下完成的博士论文都基于虚假的数据。

又一周后，蒂尔堡大学将斯塔佩尔解雇，并为宣布他的造假行为召开了一场新闻发布会。此事在荷兰引起了轰动，成了媒体几个月津津乐道的话题。一夜之间，斯塔佩尔从一位备受尊敬的教授变成了心理学史上最大的骗子。

【点评】

斯塔佩尔事件的性质之恶劣、影响之广泛是不常见的。对该事件之所以能做这种评价，其理由在于：其一，斯塔佩尔为了达到研究目标而按主观意愿刻意挑拣实验数据直至堕落到编造实验假数据的种种做法，在心理学史上是前所未有的；其二，斯塔佩尔几乎在自己参与的所有实验中，完全不理会社会心理现象的客观实在性，胡乱编造实验结果，这在心理科学研究史上同样是前所未有的。正如斯塔佩尔自己所说："因为我的假数据远不止是在一篇或者十篇文章中出现。""量变到质变，是我造假的程度让它成为极端例子的。"

至于斯塔佩尔的造假为何会发展到如此田地，即斯塔佩尔造假行为归因何在？据斯塔佩尔自我分析，"我整个人生中的每件事都可能促成了这个极端事件的发生"，但其中追求完美是驱使他造假的主因。他认为，自己对社会心理学有着发自内心的热爱，但毫无指向性的实验数据杂乱得让他感到烦躁。他从小到大都是一个喜欢整洁和规律的人，造假不过是为了得出学术期刊愿意发表的漂亮数据，"我追求的不再是真相，而是美"，他甚至把自己形容成一个追求刺激的瘾君子，无法浅尝辄止。显而易见，斯塔佩尔对自己的造假做了错误的归因。从事件发展的过程上分析，斯塔佩尔的造假之所以会发展到如此田地，是因为追求名利受挫而所萌发的侥幸行为又屡屡得逞，这种负效应的不断强化，使得无法抗拒的编造数据的快感成了他生活中的一种需要，于是经常设计虚假实验、胡乱编造实验假数据便成了他的必然选择。尽管他作为研究生导师，也经常在研究生研讨班上讲授科研道德，甚至要求学生回去反省自己以前做过的研究中是否出现过不道德的行为，但这种虚伪的仅针对他人的讲授并未触动其自身，并丝毫未改变他自己的行为方式，这也是斯塔佩尔固守错误并不断发展的动因之一。

斯塔佩尔的造假事件告诫我们，研究生应加强自身的道德修养，严以律己，做一个负责任的研究者，否则学术造假一旦被揭露将身败名裂。为避免学术造假事件的发生，联系研究生现实情况，研究生在学术研究中注意以下两点是十分有益的：

其一，不能主观"臆造"数据、资料。部分研究生在缺乏原始数据、资料的情况下，又试图利用此类数据、资料以提炼与形成完整、系统、自圆其说的学术观点。此时，他们往往会凭借自己的知识、经验想当然，用想象去填补原始数据、资料的不足，做出部分具推测性的观点、见解，以便使自己的学术观点显得完整、严密。然而，此类无事实依据的推论并非源于对客观数据、资料的提炼，而仅是纯主观的"臆造"，因而本质上不属于学术观点，也经不起事实的检验，迟早会被证明是错误的。

其二，不能对数据、资料做出主观加工或做不客观的评价，致使学术成果"失真"。人文社科类研究的学术成果应体现新思想、新观念、新思路。尤其是，反映研究生学术水平的学位论文、学术论文必须具有个人观点、独特见解(即学术创新点)，这是评价论文质量，进而决定研究生能否取得相应学历、学位的关键性要素。有鉴于此，当部分研究生深知自己搜集的研究资料严重不足、分析与研究深度不够、形成的学术观点缺乏创新性时，为了使自己的论文能顺利通过评审与答辩，会想方设法对自己的学术观点进行修饰、包装，或故意夸大自己的学术观点的重要性与学术价值，使原本的学术观点变得严重"失真"。其实，这是一种在投机侥幸心理支配下的自欺行为，因为此类虽经修饰、包装但失真的学术观点很容易被认真评阅的专家一眼看穿。

参考文献

[1] 山石.在美国搞学术不端被发现“后果很严重”[N].新华每日电讯，2010-09-17(3).

[2] 金津，徐贝(译).美国：呼吁公开数据以抗击学术不端.[美]高等教育内视，2011-12-08.

[3] 苏格拉呆.造假的科学：看我如何编造数据，成为学术大师[N].纽约时报，2013-06-25.

（朱宝荣）

12. 发生在哈佛的又一学术丑闻

——豪瑟的学术造假事件

马克·豪瑟(Marc Hauser)是美国著名学府哈佛大学进化心理学教授。1987年,他从加州大学洛杉矶分校毕业后,在密歇根大学等校进行了几年博士后研究,1992年便成为哈佛大学助理教授,1998年获得终身教职,成为哈佛大学知名心理学家、进化和道德心理学的代表人物。此外,他还兼任了哈佛大学心理学系、组织和进化生物学和进化人类学系的教授,以及教育和神经科学研究生院主席等职务,其学术生涯可谓一帆风顺。

豪瑟从事的是灵长类动物的心智研究,他反对人们通常认为灵长类动物缺乏高等社会认知能力的观点,认为人类的这些"近亲"远比我们想象要智慧得多,从它们身上一样可以发现人类所拥有的种种社会行为。作为道德心理学领域的引领者,他坚信可以"将一切生物的行为都归结于对进化有意义的特征",甚至道德观念同样如此。豪瑟认为,"一切符合道德的行为,例如,我们选择合作而非自私地窝里斗,甚至不需要高级的人类意识,从灵长类动物的时代就开始了",而这种"道德"一直在帮助灵长类生存。为此,他撰写了多篇论文来阐述自己观点,如《道德大脑:自然如何塑造我们对善恶的观念》一文强调了道德观念同样存在于灵长类动物中,并且顺应了进化过程。

从事科学研究的20年间,高产又高质的学术研究成果使豪瑟成了无可置疑的“学术明星”。此外，他还是个活跃的演讲者，在各种学界的会议上或在世界级的科学会议上，常常可见到他活跃的身影。

然而，2007年的一份匿名举报开始动摇豪瑟的学术地位。当时，豪瑟的两名助理和一位研究生在豪瑟不知情的情况下，分析了豪瑟过去的一段很“成功”的实验录像，但却得出了实验失败的结论：猴子的行为在两种实验条件下并无显著的差异。之后，他们又重新审查了豪瑟本人的实验记录，发现他在文章中所写的与录像内容并不吻合。例如，他把录像中猴子一个微小的退缩动作记录为“猴子转头”。这些年轻的研究者们逐渐相信这并不是解释上的差异，而完全是错误的实验记录。与此同时，其他研究助理也发现了类似情况，但屡次遭到豪瑟本人的否认。于是，学生与实验助理出于豪瑟在学术界颇有声望并是该领域明星学者的考虑，他们顶着巨大的压力，将他们的发现以匿名方式上报给了哈佛大学教务处，并要求调查。

此后，《高等教育纪事报》的一份内部报告披露了豪瑟的学术不端行为。《认知》杂志编辑格雷·奥特曼底也审核了豪瑟于2002年发表于《认知》杂志的一篇论文，发现豪瑟存在捏造研究数据的嫌疑。例如，在2002年豪瑟的一篇文章中，本应有两组棉顶狨（一种动物）作为被试对象，被训练识别两种模式的声音。举个简化的例子，一组猴子被训练学习“嘟嘟”，而另一组猴子则被训练学习“嘀嘀”。之后，实验者通过一个隐藏起来的扩音器播放两种模式的声音刺激，查看猴子是否会对陌生的模式更加敏感。而事实上，豪瑟只拥有其中一组猴子的实验视频资料——另一组猴子的视频记录由于空缺，只能被认为是捏造的结果。奥特曼底认为：如果调查结果属实，那么，这绝对属于“最严重的一类学术不端行为”。

鉴于学生举报与学界和舆论压力，哈佛大学在公开场合表示，将对进化心理学教授马克·豪瑟在其关于非人类灵长目动物行为与人类关键特征进化联系的研究中，就数据运用及结论形成环节可能存在的学术不端行为进行彻查。哈佛大学文理学院院长迈克尔·D·史密斯在向全院发表的公开信中也确认这一决定，但就豪瑟学术不端行为所涉及的“数据获取、分析、保存、研究方法和最终结果”等并未给出更多详情。

2007年8月20日，哈佛大学终于对外公布了初步调查结果，判定豪瑟的3篇文章存在8处学术不端并告知了论文处理现状，即2002年发表在《认知》杂志上有关棉顶狨学习代数的文章已被撤回；2007年发表在《英国皇家学会会志》的文章“已经修改”；另有2007年发表在《科学》上的文章“还在讨论之中”。哈佛大学认为，豪瑟本人须对实验数据造假负全责，其惩罚性措施将会涉及强制休假、进一步监察以及学术和学生管理方面的权限调整，豪瑟没有对此表示异议。但对于具体细节，哈佛大学依然保持沉默，称已将所有调查结果呈报了资助豪瑟研究工作的两家联邦机构——美国国家科学基金会和国立卫生研究院。最终，豪瑟本人发表声明，计划离开哈佛教职一年，其所教授的课程全部停止。豪瑟在给史密斯的辞职信中写道：“在哈佛的18年执教生涯中，我非常荣幸能给这么多聪明、具有天赋的学生当老师，还与这么多专注的同事一起工作。”“我在潜危青少年的教育需求方面已发现一些很有意思的工作。”“我期待明年可以全身心投入到这些新挑战之中。”

豪瑟学术造假事件就此尘埃落定，但哈佛的调查结果及其处理决定并不能令相关研究领域的科学家们感到满意。豪瑟的一位同行、宾夕法尼亚大学的某进化心理学家就对记者表示：“科学家们希望在豪瑟的研究成果的基础上进行下一步研究，他们想知道豪瑟的学术不端对他的研究具体有多大影响，秘而不宣只会让谣言加剧。”豪瑟的学生们更是担心自己并未伪造数据的研究结果会因为这位导师而被质疑。学界一致要求哈佛公布调查的详细结果,但哈佛似乎对公开详情并无兴趣。

虽然哈佛的报告把学术不端的主要责任推到了豪瑟身上,但最受伤害的可能是豪瑟的学生们。2007 年 8 月 25 日,《自然》杂志发表了编辑评论《附带的损害》,表达了对豪瑟的研究生和博士后未来道路的担心。这些人最容易受到此类学术不端事件的冲击:年轻科学家的声誉与其导师的成功与否息息相关,如果导师被发现有学术不端行为,年轻研究者所受的训练也会受到质疑。在豪瑟所带领的研究者中,有些人必须要找到新的实验室,有些需要寻找教职,但是他们都面临着共同的困境。例如,应聘时是否应当公开自己在豪瑟实验室工作的经历?申请研究基金时是否应把在豪瑟实验室期间发表的论文列在简历内?这些都是令人尴尬和困惑的事。

此外,所有信任并赞同豪瑟思路进行研究的同行们,也将面临是否要沿着过去思路走下去的挑战。《自然》杂志的编辑访问埃默里大学的灵长类动物学家弗兰斯·韦尔时,这位《共情的年龄:自然关于善良社会的一课》的作者认为,豪瑟事件对他的影响是“灾难性的”。

一年后(即 2008 年 8 月),豪瑟给文理学院院长迈克尔·D·史密斯写信,希望能回校复职,然而心理学系的大多数教师都投票反对他回来任教,史密斯院长也支持这一决定。

【点评】

发生在美国的这一事件再次提示我们,学术诚信对每个学者都至关重要。从性质上看,豪瑟事件涉及多项学术违规:

其一,隐瞒不理想的数据,这明显违背了学术研究的“客观性原则”。每一位研究者都希望自己能揭示的奥秘越深越好,研究的成果越大越好,但客观规律是严峻的,研究者这种美好的愿望不能不受到客观规律的制约。如研究者在观察、实验中对所得的不理想的数据、资料进行人为修改、筛选或隐瞒，这就违背了学术研究的“客观性原则”，其结果使形成的数据、资料会带有明显的虚假性，虚假的数据、资料只能用来骗人，而无法揭示研究对象固有的本质与规律，此类研究毫无学术价值。

其二，故意编造数据，这是弄虚作假、凭空捏造事实。在科学研究中，如果研究者为使实验结果支持自己的假设或使其符合预设的结果，对研究数据、资料进行纯主观的“修改加工”，或拼凑数据或结果，或改变和省略数据或结果，并予以记录或报告，这就是“弄虚作假”的“学术编造”。就性质而言，编造数据属典型的学术不端，是一种欺骗行为、学术犯罪，情节极为恶劣。它会严重干扰学术研究且将其引向歧途，它会引发思想混乱而与学术观点冲突，还会因澄清事实的验证性研究而耗费大量的人力、物力、财力，更会败坏学术信誉、腐蚀科学事业、冲击科学共同体长期形成的科学伦理准则。因而，故意编造学术数据一旦败露，必然会遭到学术共同体的强烈声讨以及行政管理部门的严厉处罚，豪瑟因编造学术数据，其最终结局正是如此。

正因为捏造、篡改学术成果会引发诸多危害，为防范、遏制此类学术不端，我国教育部已制定了严厉的学术规定：剽窃他人作品和学术成果的、伪造数据的，或有其他严重学位论文作假行为的，其所在学校或者学位授予单位可以给予开除学籍处分，如学位论文作假行为违反有关法律法规规定的，依照有关法律法规的规定应追究其法律责任。期望研究生能认真学习、严格遵循此类规定，加强学术自律，做一个负责任的研究者。

参考文献

[1] 悠扬.哈佛大学通报知名教授存在8项学术不端事件[N].南方人物周刊,2010-09-10.

[2] 陈力权.哈佛教授的"实验门"[N].南方人物周刊,2010-09-11.

（朱宝荣）

13. 颁错的奖状?

——福瑞斯特的数据操纵事件

继斯塔佩尔学术抄袭事件之后,荷兰国家科研诚信委员会又相继发现阿姆斯特丹大学社会心理学家杰斯·福瑞斯特(Jens Frster)的实验数据操纵事件,该事件引发了世界心理学界的广泛关注。因为,这位2007年就来到阿姆斯特丹的德籍科学家在国际上久负盛名。有人称:“他是他这一代人中最有创造力、最有影响的社会心理学家。”加州大学戴维斯分校的杰夫瑞·舍曼透露,2011年福瑞斯特因“在自我调节、创造力、新奇性、具身性和社会认知领域的开创性研究”,曾获得了欧洲重大社会心理学荣誉——库尔特·勒温奖。

福瑞斯特数据操纵事件的揭发始于2012年9月,当时一位研究人员向阿姆斯特丹大学寄来一封长达35页的信件,对福瑞斯特的3项研究成果提出质疑。这位研究人员尤其对福瑞斯特2012年发表于《社会心理学和人格科学》期刊上的一篇论文中所出现的异常数据表示困惑,即福瑞斯特的研究认为,被试对象通过闻气味、聆听诗歌等微小刺激之后,其认知能力测试分数会显著上升。

出于好奇,这位研究人员曾向福瑞斯特索要实验的原始数据,结果却只收到福瑞斯特送来的实验数据集,其中仅包括被试的数量和测试标准差,而未涉及实验原始数据。这位研究人员进而又分析了2009年及2011年福瑞斯特在《实验心理学杂志:总论》发表的两篇描述类似实验的文章,然后写道,3 篇论文共有 42 个实验,在绝大多数实验中发现的平均数“异常接近线性趋势”,而这种情况发生的概率在 508×1 020 例中才会出现一次。

对于这位研究人员的质疑,阿姆斯特丹大学学术诚信委员会表示认同,认为该线性趋势“从统计学角度来说几乎是不可能的”,但也表示这可能是因为“草率的研究”或出于“存疑的研究实践”,例如,忽略了某些异常数据。所以,诚信委员会成员表示并不能确定福瑞斯特的实验数据是否遭到操纵。

对于阿姆斯特丹大学学术诚信委员会的分析与推断,这位研究人员并不满意,于是他随即诉诸荷兰国家科研诚信委员会(LOWI),该委员会开始介入福瑞斯特的实验数据调查。荷兰国家科研诚信委员会从福瑞斯特处获得了被处理的数据文件,并邀请统计学教授对此类数据文件进行分析、研究,结果从这些被福瑞斯特处理的数据文件中发现了有价值的线索。于是,荷兰国家科研诚信委员会在 2013 年 5 月 6 日的分析报告中非常严肃地指出,“关于研究数据肯定遭到操纵的结论被视作无法避免”,这种操纵实验数据违反了学术诚信,实验者是要负责任的,尤其是福瑞斯特。

由于荷兰国家科研诚信委员会对福瑞斯特实验数据操纵事件有了相对明确的定论,期刊方撤销了福瑞斯特于 2012 年发表的论文,但阿姆斯特丹大学拒绝透露是否要对福瑞斯特进行纪律处分。然而基于舆论压力,福瑞斯特最终只得离校辞职。

因荷兰国家科研诚信委员会的介入,福瑞斯特实验数据操纵事件虽然有了初步定论,但这种定论所凭借的是理性推断的结论,即基于统计和方法论上的取证。因此,在缺乏直接证据的情况下,给福瑞斯进行自我辩解留下了一席之地。在福瑞斯特致同事的一封公开邮件中,他将国家科研诚信委员会的结论称为是“一个可怕的判断错误”,并将责任归咎于在斯塔佩尔事件后的杯弓蛇影。他写道:“我的确感觉自己是这场难以置信的迫害的受害者。”福瑞斯特在邮件中甚至极力为自己辩护,他完全否认曾有过操纵数据的行为,他说“关于我操纵数据的结论从未被证实过”,“这仍是一个基于可能性的结论”,因此他誓要争取重审此案。

荷兰国家科研诚信委员会的定论在学者之间也引发了不同的争论。美国普渡大学西拉法叶校区认知心理学家乔治·弗朗西斯曾调查过多起学术不端行为,他认为这套计算方法“非常有说服力”。美国弗吉尼亚大学社会心理学家布瑞·诺斯克“明确表示刊载的数据好得令人难以置信,人们对此不得不表示怀疑”。弗朗西斯和诺斯克指出,正如学术界首次发现了斯塔佩尔和斯曼斯特的伪造证据后一样,福瑞斯特的其他论文也应放在显微镜下进行剖析。

而舍曼认为,应该给予福瑞斯特“无罪推定(即在罪证不足的情况下被假定为无罪)”,“即便我们都同意这些数据不太现实,但也未必表示就是欺诈行为”。他指出:“目前尚不清楚为什么数据会是这种情况。我们之后可能会理解现在无法理解的事情。”福瑞斯特的博士生导师、德国维尔茨堡大学社会心理学家弗瑞兹·斯坦克同样告诫学界,莫要过早下结论,“福瑞斯特是一名优异的博士生,我从未怀疑过他的诚信问题”。

针对福瑞斯特实验数据事件以及学界对该事件引发的不同争议,荷兰科学家开始思考,学术不端事件的时有发生是否意味国家科研体系的腐化(在诸多领域也存在多起学术不端)。事实上自斯塔佩尔事件以来,专门处理申诉的荷兰国家科研诚信委员会收到的待处理案件数量增长了3倍,2013年达19起。但是荷兰国家科研诚信委员会主席、阿姆斯特丹大学社会学荣誉教授克伊·斯佑则表示,案件数的上升只是表明荷兰的检举人现在已了解了检举的方式。在《新鹿特丹商报》的最新采访中,斯佑表示:“因为所有对学术不端行为的曝光,人们更好地了解到如何在校内进行检举,如何向荷兰国家科研诚信委员会申诉。”

【点评】

本案例的焦点在于福瑞斯特究竟是否操纵了实验数据，即是否按主观需要篡改了实验数据，亦即福瑞斯特的实验结果是否真实。如果福瑞斯特的实验结果是客观、真实的，那么福瑞斯特因此而获得的荣誉、地位以及各类奖状是理所当然的；反之，如果福瑞斯特的实验结果是虚假、人为的，那么福瑞斯特所获得的荣誉、地位以及各类奖状都是行骗之诈、欺世盗名。这就是本案例标题的意蕴所在，即：“颁错的奖状？”

那么，福瑞斯特究竟是否操纵了实验数据？依据荷兰国家科研诚信委员会的调查结果且结合心理现象研究实际，大致对福瑞斯特操纵实验数据能做出较为肯定的判断。其理由在于：其一，荷兰国家科研诚信委员会从福瑞斯特处获得了被处理的数据文件，并邀请统计学教授对此类数据文件进行分析、研究，从中已发现了福瑞斯特有按主观意愿操纵实验数据的迹象。所以，国家科研诚信委员会认为“关于研究数据肯定遭到操纵的结论被视作无法避免”；其二，心理现象极为复杂，容易受人体内外因素的影响，因而心理研究数据的偏差性相对较大，期望通过重复实验获得高度一致、理想化的实验数据较为困难，这是由心理现象的特殊性所决定的。因此，心理研究的实验数据如都显示高度一致性与理想化特征，这种实验数据往往是不真实、不可信的，很可能实验者对实验数据进行了人为操纵。福瑞斯特的实验数据正是如此，即在绝大多数实验中发现的平均数“异常接近线性趋势”，而这种情况发生的概率在 508×1 020 例中才会出现一次。所以，美国弗吉尼亚大学社会心理学家诺斯克“明确表示刊载的数据好得令人难以置信，人们对此不得不表示怀疑”。

可见,福瑞斯特操纵实验数据事件尽管未获直接证据,即未能取得原始数据与现有数据间的比对事实,但依据以上两点分析,福瑞斯特操纵实验数据已是大概率事件。这种人为操纵实验数据是一种作假行为,在学术规范方面属违反了搜集科学事实的客观性原则,是一种典型的学术不端。其危害性在于,因主观需要所做的随意加工与筛选,会歪曲事实真相、篡改实情,失去数据、资料的应有价值,进而无法把握研究对象的本质与规律,致使科研活动成为一种纯粹的浪费人力、物力与财力的无效行为。对此,研究生在主观上要有清醒认识。

参考文献

[1] 陈素清,吕锡强. 抄袭心理探析[J]. 沈阳师范大学学报(社会科学版),2008(5):155-156.

[2] 张惠琴,李俊儒,段慧. 中国大学生"抄袭、剽窃"概念实证研究——中、美大学生 plagiarism 概念比较[J]. 外语研究,2008(2):66-71.

(杨庆峰)

14. 留给中国学界的精神财富

——著名学者俞吾金的"哲学治学理念"

2014年10月31日凌晨,复旦大学哲学学院资深教授、我国外国哲学研究领域的著名学者俞吾金老师因病与世长辞,全国的学术界同仁都陷入了巨大的悲痛。徐英瑾教授作为俞老师的弟子,对于恩师西去的痛楚,感受尤为深切。徐英瑾于1999年正式成为俞门弟子,此后在其指导下连续攻读复旦大学外国哲学专业硕士、博士学位,后留校成为恩师的同事。多年来,徐英瑾在恩师耳提面命的关怀下慢慢领会了恩师的治学理念,从中获得大量教益,并归纳出了"俞氏哲学治学理念"。

俞氏哲学治学理念之一:治哲学必须从打好语言功底开始,因为语言是思想的载体,搞不通哲学表达的语言就搞不通哲学思想。本着这一治学理念,俞老师严格要求学生努力精通外语。据徐英瑾教授回忆,当他作为"复旦大学九五级文科基地班"的成员于1995年第一次和俞老师座谈时,俞老师就对全班同学表明了从事外国哲学研究的基本语言门槛:必须懂英、德、法这3种现代欧洲语言以及拉丁、希腊两种古代欧洲语言。对于刚离开高中踏入大学的本科生来说,听到这样高的"门槛设定"后自然会感到压力倍增。与俞老师处得比较熟悉之后,徐英谨曾试探着向其探询"门槛降低"的可能性:如果时间有限的话,外语学习的重点又是什么呢?俞老师的建议是一定要先将作为国际学术通用语言的英语的水平提高到"精熟"的程度,若学有余力则根据研究需要的紧迫次序逐一覆盖别的语种。而关于所谓"精熟",俞老师给出的标准乃有3项:能够以至少接近于母语阅读的速度阅读英文专业文献;能够用英语准确表达学术思想、发表学术论文;能够在国际学术场合用英语与外国专家就专业问题进行流畅的对话。他本人也不时拿自己的外语学习经历勉励我们这些后生。他常提醒我们注意,因为"十年浩劫"的原因,他本人是从29岁才开始学习英语的,尔后再将学习对象延展到了法语以及德语。现在的年轻人外语学习的起步要早得多,客观的学习条件也好得多,却往往因为疏懒而浪费了大好光阴,实在让人可惜。

俞氏哲学治学理念之二:学术创新虽然值得鼓励,但是要时常以挤压"创新泡沫"为念,做到先温故、后知新。俞老师经常向学生指出,动笔写论文之前首先得想清楚自己的构思和立论有何新意,而要想清楚这个问题,作者预先要做调查,了解学术界对于相关问题有哪几种见解,而这些见解各自的短长又是什么——否则,作者对于自身立论之"新意"的辩护就会缺乏根据。俞老师关于这个问题的见解,在当下中国对外国哲学的研究颇具针对性与引领意义。现在外国哲学界的主流教学理念是,重视经典原著解读,而相对轻视二手研究资料中的经典。换言之,依据此主流思路,论文写作者更为熟悉的文本似乎更应是自己所研究的核心哲学文本,而不是别的国内外学者研究同一文本时所产生的同类研究成果。而在俞老师看来,重视经典文献解读固然是正确的,但若偏执到"只读经典却不重视二手资料"的地步,这在客观上就会使得一些已经被前人得出的解读结论,在新的解读者不知情的情况下被多次重复,造成一些"伪创新"。依俞老师见解,对于这些"伪创新"所导致的学术泡沫的打压,不仅仅是学术规范的硬性要求,更应当出自学者的职业良知之自发。这也就是说,只有一名学者谦逊地将自己视为全球学术共同体中的一个接棒者，他才能够抱有同情之态度去关注学术同行既有的成就，而不会唯我独尊地将自己视为真理的独享人。

俞氏哲学治学理念之三：要将锻造学术精品的意识贯彻到每一个细节中去，以最大的诚意，最大限度地消除学术作品中的瑕疵。这一点在俞老师指导学生学位论文的过程中得到了淋漓尽致的展现。不少俞门弟子都有这样的记忆：俞老师会对学生提供的论文初稿的每一细节进行推敲，至于被牵涉到的细节种类则是无所不包：为何某处要使用逗号而不是分号？为何是单引号而不是双引号？某个专业哲学术语的外语拼写是否正确、汉译是否妥帖？某个句子是否句法过于复杂，需要加以简化？某段引文的出处是否经得起查考？等等。徐英瑾至今还记得，他的博士论文《维特根斯坦哲学转型期中的"现象学"之谜》在即将被提交答辩委员会之前，先前已经对文稿表示满意的俞老师转而改变主意，于深夜给他打电话，要他重新编辑全文的"导论"部分，因为俞老师突然觉得该导论对于某些问题的讨论在文脉上与正文不甚相关，建议大段删除。不得不承认，当时徐英瑾在听到这些建议后，情绪上的确是有所抵触的，这不仅是因为论文提交的时限已经近在眼前，而且也是因为大段"割爱"所必然会带来的"心痛"。察觉到了徐英瑾的情绪波动之后，俞老师就通过罗丹斩去精美的雕像手部以免喧宾夺主的故事，对徐英瑾进行思想开导，并对如何编辑修改导论给出了具体的意见。徐英瑾在俞老师指导下立即打开电脑对文本进行重新编辑，而俞老师则在电话那头耐心等待徐英瑾完成修改，以便在打印文本前最后通读一遍电子稿。那一夜师生反复切磋、打磨细节，彻夜未眠。后来徐英瑾的这篇博士论文有幸被国家教育部评为"2006 年全国优秀博士论文"之一，其中固然有评审专家错爱的缘故，但这一成绩的取得，无疑也凝结着俞吾金老师的大量心血，以及他力求完美的学术追求。

徐英瑾认为，俞吾金老师留给中国学术界的最大的精神财富，可能并不是他大量的优秀学术成果，而是支撑着这些学术成就的学术理念。概而言之，对于将中国学者的风采在国际舞台上不断光大的希冀，对于诚实、谦虚的创新学风的秉持，对于科学精神和人文精神之间平衡点的寻觅，以及对于奉献出最完美学术作品的巨大诚意，构成了俞老师学术生命的四根理念性的支柱。我们唯有好好地继承这些理念，进一步地推进中国哲学事业之发展，以切实的努力夯实国家的文化软实力，才能祭告俞老师早逝的英灵，不愧于中华复兴的伟大时代。

【点评】

俞吾金教授作为中国哲学界的著名学者其因病早逝确实是我国学界的一大损失，他对中国学界的贡献除了奉献了能反映学术创新成果的数百篇学术论文和数以百计的学术专著之外，还有两项更具影响力的贡献：其一，从事学术研究、获取学术成就的治学理念，这是留给中国学术界最大的精神财富；其二，为我国学界培养了大批优秀人才、知名学者，徐英瑾教授就是其中之一。

徐英瑾教授所提供、编撰的有关俞吾金教授的“哲学治学理念”一文确能给在读研究生诸多启迪：

其一，治学应具有学术功底。治学即从事学术研究是研究生就学期间的主要本份，然而无论是发表学术论文还是撰写学位论文都须凭借知识。学术研究中所需的知识既包括功底深厚的专业知识与相邻学科的有关知识，也包括高效地从事学术研究以及获取学术信息的知识。尤其在当今知识如潮的信息时代，要充分获取与研究主题相关的背景知识，必须掌握与有效获取知识信息相关的知识，其中掌握多种国际语言知识且达到“精熟”程度是非常必要的，正如俞吾金教授所说，如掌握了多种国际语言知识且达到“精熟”程度，那么就能以接近于母语阅读的速度阅读外文专业文献，就能用外语准确表达学术思想、发表学术论文，就能在国际学术场合用外语与外国专家就专业问题进行流畅的对话，如此对于获取知识信息抑或表达学术观点均是极为有利的。所以，做学问需要凭借各类知识，需要有扎实的学术功底，而要具备这种条件，就应遵循俞吾金教授所倡导的良好学风，即研究生在知识学习中要高标准、严要求、厚功底、求深解。

其二，治学应体现理念创新，即突破传统思维模式的束缚，寻求、探索具有新意的研究主题。人文社科类研究的创新性可体现在理论创新、思路创新、方法创新或应用领域创新等诸多方面。研究主题的创新性决定了学术研究的价值、意义，具创新意义的学术研究都能在不同程度上对学科发展或政治、经济、文化发展有所贡献。反之，如学术研究缺乏创新性，仅重复他人已经做过的同类研究，此类研究毫无意义，只是浪费人力、物力、财力。诚然，要选择一个具创新意义的研究主题，研究生需熟悉前沿性研究动态，切实了解当前学术研究中所涉及的待解难题，遵循俞吾金教授所倡导的："预先要作调查，了解学术界对于相关问题有哪几种见解，而这些见解各自的短长又是什么——否则，作者对于自身立论之'新意'的辩护就会缺乏根据。"当然，在搜集学术信息时，应遵循全面性原则，既要搜集与研究核心哲学文本，又要搜集与研究国内外学者研究同一文本时所产生的研究成果，这样才能对待研主题获得全面、深入地理解，否则就会使得一些已经被前人得出的解读结论，在新的解读者不知情的情况下被多次重复，造成一些"伪创新"。这是俞吾金教授提供的宝贵经验，期待研究生要牢牢记取。

其三，治学应遵循严谨准则。严谨是确保学术研究成果具创新性特征的基本条件。如何才能体现严谨的学术风格？俞吾金教授对此做了具体表述，即"要将锻造学术精品的意识贯彻到每一个细节中去，以最大的诚意，最大程度地消除学术作品中的瑕疵”。正是俞吾金教授的这种严谨的学术风格，撰成了中国学界高度赞评的数百篇学术论文和数以百计的学术专著，获得了崇高的学术荣誉与地位；正是俞吾金教授以这种严谨的学术风格指导研究生，才培养出了如同徐英瑾那样的优秀博士生，使其博士论文有幸被国家教育部评为“2006年全国优秀博士论文”之一。可见，研究生在学术研究中唯有遵循严谨准则，才能撰成有质量的学术论文与能获得高度评价的学位论文，才能成为理论创新、思路创新、方法创新或应用领域创新的开拓者。

（本案例由复旦大学哲学学院徐英瑾教授提供）

理工学科篇

自然科学是人类探究自然现象背后规律的一类活动,然而它不仅是一些技术性的和理论性的操作活动的集合,而且还是一种献身于既定精神价值和受伦理道德标准约束的社会文化活动。科学研究活动与其他人类活动一样,都需要倡导负责行为,才能保证科学研究活动的健康运行。

科学研究活动的负责行为主要依靠以下道德准则来维系。

自然科学研究是探究自然界未知的过程,自然科学知识的形成是一个不断修正、不断深入以逐步逼近客观存在的过程。可验证性是科学知识的重要特征,科学强调和尊重经验事实对科学理论的检验,实事求是是科学研究活动的基本准则。

科学研究工作者在"研究选题"环节中必须遵循责任准则,在"课题申报"、"形成成果"、"获取事实和数据"等环节中必须遵循诚信准则。

科研工作者在学术研究活动中所获得的知识还需充分接受共同体内集体的评议、判断、筛选后,才可能有选择地被接纳而成为共同体内的集体知识。只有充分认识到个体知识和集体知识的相互联系和转换,科学知识的形成才拥有坚实的社会基础。从科学共同体层面来看,在"学术评价"环节中必须遵循尊重准则、公开准则和公正准则。

在大科学时代，各门科学相互渗透，科学研究的许多重大课题都必须依靠集体的力量才能完成，在集体合作的过程中，必须遵循相互尊重、乐于协作的准则。科研工作者在处理个人与他人、个人与集体的荣誉和利益分配上必须受到科学道德的约束，避免利益冲突对研究工作造成损害。

在科学研究活动中，有许多案例生动地说明了学术道德准则的重要性。一些案例从正面告诉我们遵循学术行为规范和道德准则对推动科学研究活动的开展和科学事业繁荣的作用和意义；另一些案例则从反面告诉我们违反学术行为规范和道德准则给科学事业带来的损害和警示。

自然科学方向研究生的培养目标是，成为具有坚实的自然科学基础理论、系统的专门知识和从事自然科学研究的能力的人才。为实现这一目标，研究生除提高业务能力和学术水平外，还必须加强在学术道德与科学品行方面的修养。我们选编了若干有关的案例，供广大研究生从中得到启示和借鉴。

（陈敬铨）

15. 警惕非理性因素给科学事业造成伤害

——子虚乌有的"N 射线"

1903 年,法国南锡大学的物理学教授布朗德洛特(R. Blondlot)在研究 X 射线的时候,发现有一种能够像 X 射线一样透过纸、木头和金属并影响电火花的新射线,他把这种新射线命名为"N 射线"。他发表了一系列论文,宣称任何照明物质、热的物体、某些靠近热体或太阳光下的物质、受到压缩或硬化的物体如钢锉等都能产生"N 射线"。法国其他科学家,包括相当著名的物理学家,也都加入了"N 射线"发现者的行列。法国官方杂志《情况报告》在 1904 年几乎有上百篇关于"N 射线"的文章发表,占该杂志在这段时间发表的全部物理学论文的 15%。"N 射线"的发现造成巨大声势,法国科学院当年就决定授予布朗德洛特 2 万法郎的勒贡特奖和一枚金质奖章。

这样一个激动人心的新发现,自然在科学界引起巨大轰动。各国物理学家们全力地投入对"N 射线"的寻找试验中,但英国、美国和德国的科学家无法获得令人满意的结果。最初各国科学家只是不相信布朗德洛特本人,认为布朗德洛特发现的效应只是一种光学上的幻觉,因为要在暗室中弄清一个昏暗的火花或一个小光点中的小变化这样一种易受影响的任何东西是非常困难的。然而,很多法国科学家都声称成功地做出了这一效应,并且布朗德洛特后来能够对电火花亮度的变化进行成功拍摄以对付争论。这使更多的法国以外的科学家投入了这项试验,但他们越来越相信法国物理界存在某种非常不健全的东西。于是,曾经揭穿过无数巫师欺骗行为和其他犯罪行为的最杰出的光学试验家之一、美国霍普金斯大学物理系的伍德教授自愿去法国弄清事情的真相。

到了南锡大学后,伍德受到布朗德洛特友好而真诚的接待。布朗德洛特立即进行了一系列的实验,以证实 N 射线的存在和它的各种性能。当布朗德洛特为伍德做完第一个实验后,伍德立即敏锐地觉察出,他的法国同行极可能误入了歧途。布朗德洛特将能斯特灯所发出的"N 射线"射到正在闪火花的间隙检测器上,根据他的发现,火花亮度要增强,如果他用手挡住射线,火花亮度将减弱。伍德十分惊讶,法国同行竟然用极不可靠的眼睛来判断光的强弱。当法国同行们煞有介事地演示火花亮度强弱变化时,伍德无论怎样睁大眼睛凝视,也丝毫感觉不到亮度的变化。

当伍德将自己的观察结果讲给东道主听时,却被告知这是由于伍德的眼睛灵敏度太差之故,伍德对此十分生气,他决心试试东道主的眼睛灵敏度。伍德说,既然我的眼睛不够灵敏,就请你们说出我用手指阻挡住"N 射线"的正确时刻吧。房间很暗,看不见伍德手指的移动,伍德像逗小孩一样,故意把手放在射线路径上不动,然后问东道主,他们一会儿说亮了,一会儿又说暗了。而当伍德移动手的时候,他们所说的亮度变化又同手的移动毫无关系。在接着的一个演示实验中,当布朗德洛特在"N 射线"的折射光束中找出"N 射线"的光波谱时,他不知道伍德早已把一个必不可少的零件(一个铝质棱镜)偷偷装进了自己的衣袋!

回到美国后,伍德给英国的《自然》杂志写了一篇披露此事的文章。文章发表后,大多数科学家对"N 射线"立即失去了兴趣,只有少数几个法国科学家继续支持布朗德洛特。但到了 1906 年,法国科学院院刊也不再刊登有关“N射线”的文章了。1906年,布朗德洛特拒绝了法国《科学评论》提议的一个判决性实验,这实际上宣告了“N射线”事件的结束。虽然布朗德洛特到1919年还声称他从未对他命名的“N射线”有丝毫的怀疑,并且还将尽一切力量不断进行观测,以证明“N射线”的存在,但已经没有人相信他的话了。

【点评】

按今天的眼光来看,要验证“N射线”是否真实存在并不是一件难事:细心地设计和进行实验,准确无误地记录和报告结果,用事实说话,避免不适当的偏见,就很容易断定“N射线”是子虚乌有。

法国科学家罗斯丹曾感叹,“N射线”事件最令人吃惊之处在于受骗的人数之多,简直令人难以相信。在这些人当中,很少有假科学家和冒充内行的人,没有一个是梦想家或故弄玄虚的人。相反,他们熟知实验程序,头脑清醒,思维健全。例如,世界最知名的科学家贝克勒尔和庞加莱等人也都高度评价了N射线这一“重大发现”,其他的科学家接受N射线也就不足为奇了。

科学家们都接受过关于客观性的重要的训练,然而要坚持客观性和严谨的原则并不容易。在“N射线”事件中,不少人忽视或掩盖了他们自身的非理性因素,使得心理定势和崇拜权威的心理现象起了一定的作用。1903年,科学界早已熟知了各种各样的射线,如X射线、α射线、β射线等,对再出现一种新的射线,科学家们早就有了心理上的准备,可说是“见怪不怪”了。正如一位心理学家所说的:“如果N射线先于X射线和放射性10年,那么它就没有其他射线作先例,这样科学界肯定会对布朗德洛特的发现做更严格的分析。”心理定势和崇拜权威的心理现象等非理性因素常常给科学研究带来难以克服的惰性,阻碍和延缓科学研究的正常进行,并使行骗者有可乘之机。

造成N射线事件的另一个不可忽视的原因是狭隘的民族自尊心问题。法国科学的兴盛期是1770—1830年，到了19世纪初达到极盛期以后，逐渐走向衰落，而德国的科学日见昌盛，到20世纪初，德国科学达到极盛期，并取代法国成为世界科学的中心，法国科学的国际声望则继续下落。正在此时，继贝克勒尔和居里夫妇发现放射性之后，又出现了N射线，这实在使法国科学界兴奋得难以自已，在这种对科学理智有害的情绪和感情支配下，本来可以防止的错误发生了，本来严格的自我约束放松了。

令人稍感欣慰的是，科学还是依靠自身的力量纠正了"N射线"这个错误。这是科学精神最好的体现。人们习惯于牢记科学中那些辉煌的成功，其实，从科学不光彩失败的病态事例中人们或许更能了解和认识科学发展过程中可能受到的各种影响，并认识到科学精神能够经受住这些影响的考验。

参考文献

[1] 杨建邺，张家干. 失败案例研究——N射线事件的启示[J]. 自然，1992(1)：59－64.

[2] 关洪. 是病态科学，还是受伤的科学？——N射线事件百年检讨[J]. 科学文化评论，2005(2)：100－107.

[3] 徐飞，梁帅. 科学不能承受之重——科学造假的社会文化动因释例[J]. 山西大学学报(哲学社会科学版)，2014(1)：109－114.

（陈敬铨）

16. 诺贝尔物理学奖有失公允?

——关于脉冲星发现的荣誉归属之争

1967 年 7 月,剑桥大学安东尼·休伊什(Antony Hewish)领导的射电研究小组的成员、女博士研究生乔林斯·贝尔·伯内尔(Jocelyn Bell Burnell)为撰写博士论文,利用射电望远镜搜集数据。每隔 4 天她就详细分析一遍近 122 米长的记录纸带(望远镜对整个天空扫视一遍需 4 天时间)。由于与射电望远镜天线配套的计算机还未安装,贝尔要一英寸一英寸地审视记录纸带。这是一件非常枯燥的工作,贝尔既要从纸带上分离出地球上人类发出的各种无线电信号,又要把真正射电体发出的射电信号标示出来。

同年 10 月份的一天,贝尔从纸带上看到了一个长约 1.27 厘米的特殊信号,以前的纸带上是否也有这样的信号呢?为了弄清这一点,贝尔决定再仔细地审查一下以往的记录,最早在 8 月 6 日的记录纸带上就出现过这种奇怪的信号,到 9 月底为止,已记录到 6 次之多,她把这一情况报告给休伊什。他们经过讨论,决定用新安装的时间分辨率很高的快速记录仪继续观测。到 11 月底,贝尔终于发现这是一种短暂的脉冲,其周期很稳定,为 1.337 28 秒,而且很有规律,每次出现的间隔是 23 小时 56 分,这正好是恒星周日视运动的时间间隔。

这个发现非常奇特。为慎重起见,休伊什写信给全英的天文研究小组,询问他们是否有类似的发现,回答是否定的。休伊什起初

休伊什

贝尔

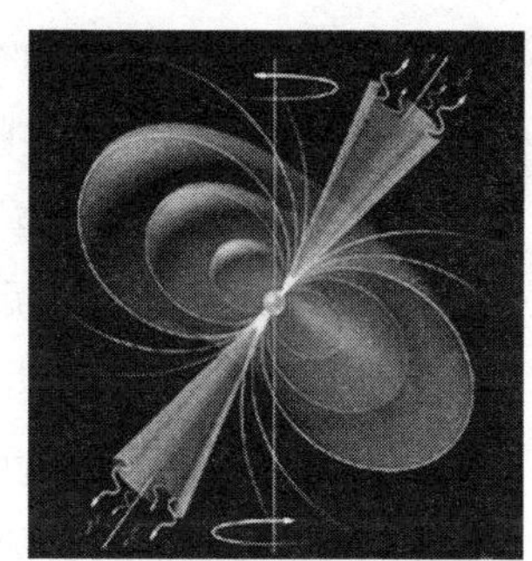
脉冲星

认为,这种脉冲是人为的,因为它的周期太短。有什么自然物体可以保持其周期振动或运动如此快速且又如此准确呢?是不是在遥远星球上的智慧水平很高的"外星人"以某种方式在寻呼呢?小组的成员为此给它起了一个很好听的名字——"小绿人",这的确是一件令人兴奋的事情。

贝尔对"小绿人"的说法不以为然。她认为,这种射电天体有固定的位置,天线接收的方向和速度也都不变,不像是"小绿人"之所为,如果是"小绿人"之所为,那么它们所居住的行星的运行会影响信号的速度,进而产生所谓的"多普勒位移",但几个月的观测并未发现这种效应。贝尔接着又发现 3 个辐射脉冲的天体,"小绿人"不可能在 4 个相距如此遥远的天体上同时使用同频段发射射电信号。贝尔和休伊什等 5 人于 1968 年 2 月在《自然》杂志上发表了题为《对一个快速脉动射电源的观测》的报道。文中对这种天体的性质做了尝试解释,认为它可能是物理学家预言的超级致密的中子星。他们的设想得到了证实,从而做出了天文学上的一个重大的发现,为天文学研究开辟了新的研究方向,而且对现代天体物理学的发展产生了深远影响,成为 20 世纪 60 年代天文学的四大发现之一(另三大发现是星际分子、类星体、微波背景辐射)。

然而发现脉冲星的举世荣誉出现了归属争议。1974年诺贝尔物理学奖桂冠只戴在导师休伊什的头上，完全忽略了学生贝尔的贡献，舆论一片哗然。英国著名天文学家霍伊尔爵士在伦敦《泰晤士报》发表谈话，他认为，贝尔应同休伊什共享诺贝尔奖，并对诺贝尔奖委员会授奖前的调查工作欠周密提出了批评，甚至认为这是诺贝尔奖历史上一桩丑闻、性别歧视案。霍伊尔还认为，贝尔的发现是非常重要的，但她的导师竟把这一发现扣压半年，从客观上讲就是一种盗窃。当宣布发现脉冲星的文章在《自然》杂志上出现时，贝尔的名字在5位作者中排在第二位，休伊什的名字列在首位。按照学术论文写作的规则，这篇文章的作者排序向科学界传送了一个明确的信息：脉冲星的发现者是休伊什，而其他4位都是他的研究小组的成员。更有学者指出："贝尔小姐做出的卓越发现，让他的导师休伊什赢得了诺贝尔物理奖。"英国焦德尔班克射电天文台的天文学家史密斯在1968年指出，脉冲星是贝尔发现的，但休伊什在这一发现过程中发挥了重要作用。著名天文学家曼彻斯特和泰勒所著的《脉冲星》一书的扉页上写道："献给乔瑟琳·贝尔，没有她的聪明和执着，我们不能获得脉冲星的喜悦。"

2006年，贝尔访问北京期间，有记者与她谈起脉冲星的发现经历和对诺贝尔奖的看法时，她说，脉冲星发现后不久，她就离开了剑桥。在沉默一段时间后，她神色有些黯然地说，20世纪60年代，剑桥大学存在导师忽视学生科学贡献的倾向，特别是忽视女学生。1993年，两位美国天文学家因发现脉冲星双星而荣获诺贝尔奖时，诺贝尔奖委员会邀请她参加了颁奖仪式，算是一种补偿。离开剑桥后，她和休伊什再没有合作，直到20世纪80年代，他们才在一次国际会议上相见，并握手言和。自脉冲星发现以来，除了诺贝尔奖，她荣获了十几项世界级科学奖，并成为科学大使。2006年，她在布拉格召开的国际天文学联合会大会上荣幸主持了"取消"冥王星作为太阳系第九大行星资格的投票。

【点评】

贝尔在发现脉冲星的研究工作中做出了卓越的发现,她作为脉冲星的发现者是当之无愧的。她为他的导师休伊什赢得了诺贝尔物理奖,她本人没有得奖,这引起了同行们的愤愤不平。贝尔本人没有过多的计较,她的谦逊和礼让,获得许多人对她具备的良好的道德修养的钦佩。休伊什尽管得到了科学研究的最高奖励,然而他的声誉却蒙受了损失。科研工作者在科研道德上必须遵循尊重准则。在合作研究中,应准确表述自己的贡献,做到分"功"明确,应诚实地对待合作者的贡献;不能把别人的工作当成自己的工作来报告,不能未经合作者的允许擅自运用、发表未公开的研究成果,这是大科学时代搞好合作研究的基础。

值得注意的是,在大科学时代,科学活动已成为一种社会协作性的活动,它是在相互交流和相互制约的环境中展开的。在科学共同体中,导师和学生部分存在着类似"师徒"的关系。这种关系,一方面使知识体系和研究活动得以继承和发展,另一方面又使科学共同体本身得以保持和延续。融合的师徒关系不仅提供着良好的研究环境,而且也的确促进着科学事业的发展。

然而,这种师徒关系也会发生异化,美国的布罗德和韦德曾一针见血地指出:"以往的师徒关系是建立在智力上的互相关心和取长补短。但在今天,则常常是为了得到诸如设备和研究经费这样的物质需要把他们连接在一起的。从发现脉冲星的例子中就可以看出这种完全的物质化关系所导致的种种弊病。"师徒关系的"物质化"首先使发表论文的署名发生了异常,由于"徒弟"贝尔的无偿付出,休伊什"理所当然地"处于署名中的第一位置。这给外界一种假象,即休伊什是脉冲星的主要发现者,其他人只是研究小组的成员而已。这种做法实际上是休伊什独占对脉冲星发现的优先权，也是对随之而来的巨大的名声和物质利益的独占。

对于中国科学界来说，随着科学事业的发展，越来越多地开展科学协作，要时时警惕这种“物质化”的污染，要建立良好的研究规范和传统，公正地分配各种荣誉，以保住科学界这“一方净土”。

参考文献

[1] 刘恒亮，刘树勇.脉冲星发现权之争——兼论科研中“师徒关系”的“物质化”倾向[J].首都师范大学学报(自然科学版)，1997(4)：33-38.

[2] 威廉·布罗德，尼古拉斯·韦德著.朱进宁，方玉珍译.背叛真理的人们：科学殿堂中的弄虚作假[M].上海：上海科技教育出版社，2004：119-124.

（陈敬铨）

17. "科学数据神圣性原则"不容违背
——贝尔实验室的舍恩系列"科学"论文造假事件

2002 年 5 月，美国贝尔实验室成立一个独立调查组，调查该实验室的一个研究小组在 1999 年至 2001 年间发表的科学论文的数据是否真实可靠。同年 9 月，调查组写出报告，证实一位科学家有伪造数据进行欺骗的科学不端行为。贝尔实验室的上级公司朗讯科技公司终止了与这位科学家的合同。

这位科学家名叫让·舍恩(Jan Hendrik Schon)，德国人。他在 1998 年进入美国贝尔实验室，并在实验室通过对包括物理学、材料科学、纳米技术等微尺度物质的前沿科学领域的研究，"制得"了包括不同于以往的高性能的硅基晶体管，它可用做计算机内部交流的开关；并"制得"了世界上第一个有机电子激光器、发光晶体管和世界上最小的晶体管。这些突破性的成就使舍恩迅速跃升为物理学界一颗耀眼的新星。舍恩在短短的几年里发表了数以百计的科学论文，他被看作是一位非常有才能的青年科学家，据说已有人提名他为诺贝尔物理学奖候选人。

首先对舍恩提出怀疑的是普林斯顿大学的索恩教授，她于 2002 年 4 月发现了舍恩的造假行为：舍恩于 2001 年在《科学》期刊上发表的论文与同年在《自然》上发表的论文中出现了完全一样的数据，这一数据在 2000 年《科学》的另一篇论文中也使用过，而这样的问题一共存在于舍恩的 6 篇文章之中。还有人注意到舍恩的实

美国贝尔实验室

舍恩

验结果出奇地漂亮,特别是他声称制造出了单分子晶体管。别人的实验条件不比舍恩的差,甚至更好,但却无法重复得到舍恩的实验结果。人们还发现,舍恩对不同材料测试得出的数据非常相近,一些实验曲线中有些部分几乎完全相同。因此,人们对舍恩的研究提出了质疑。

贝尔实验室非常重视这个问题,聘请了由 5 位专家组成、以斯坦福大学教授贝斯莱为首的独立调查委员会,调查“存在的科学上的不端行为的可能性、舍恩等人的论文中数据的有效性以及所用的方法是否恰当”等问题。在调查过程中,该委员会要求舍恩的所有合作者回答他们的问题,还和舍恩的 3 位主要合作者进行了谈话。委员会研究了有问题的论文的草稿、数据处理文件、绘图所用的数据以及各种数据的细节。但是当委员会要求舍恩提供原始数据时,舍恩声称由于他的计算机的存储量太小,原始数据都已被抹去;要他拿出原来的实验材料和被测试的器件,但他说都已损坏或丢失。事实上,别人根本无法重复他原先做过的实验。

委员会认真分别研究了每一项质疑,发现舍恩最突出的问题是捏造数据。舍恩将同一些数据用于不同的器件,对于不同的材料的曲线或曲线中的一部分都是用同样的数据代入画出的,这些都是科学上不能接受的弄虚作假行为。一个明显的例子是多塞酚的超导性曲线，同样的曲线的部分或全部在不同的文章中出现多次。舍恩自己也不得不承认，在许多情况中数据不正确，他自己也说不清这些数据是从哪里来的。委员会断定这些数据都是不真实的，他的行为破坏了“科学数据神圣性原则”。

委员会分别调查了对他们的论文所提出的24项质疑，确认其中的16项确实是科学上的不端行为，其中有2项与所发表的论文没有关系。其余的6项质疑虽然存在问题，但没有找到确凿的证据可以证明其作假。委员会查明，除原材料的提供以外，实验设备都是舍恩自己设计制造，计算机程序也是他自己编写，器件的制备、数据的测量和处理都是舍恩一人独自完成，其主要结果并没有其他合作者的见证。据此，委员会认为，责任在舍恩一人，其他合作者都是清白的。

数据造假行为可耻

在委员会的调查报告后面也附上了舍恩本人的书面辩解。舍恩不同意委员会的书面结论，坚持说他是诚实的、发表的数据都基于实验观察，“肯定它们都是真实的”。但他也不得不承认这些数据不正确，但又无法说明不正确的原因。无论他如何辩解，他伪造数据、弄虚作假的不端行为是明明白白的，所以贝尔实验室还是把他解聘了。2002 年 6 月，舍恩的母校——德国康斯坦斯大学为此撤销了他的博士学位。

【点评】

科学是人揭示自然现象及其发展规律的活动，科研人员的天职是使自己的认识与客观实际相符合。由于人的认识能力和水平的局限性，完全做到这一点是不容易的。任何有意地作假和虚构都是违背科学精神和科学道德准则的，它不利于甚至破坏了人类求知的进程，为科学共同体所不容。舍恩的行为违背了这个公认的准则，遭到了世界舆论的严厉谴责和应有的处罚，毁掉了自己的名誉和光辉前程。

在舍恩的论文发表后，有 100 多个学组在重复进行实验验证，并有 20 多个科学家提出质疑或批评，这促成了贝尔实验室主动进行调查，最终使舍恩的造假行为真相大白。这反映了高水平的专业共同体的评议和监督起到了至关重要的作用。

贝尔实验室成功的历史是由科学诚实和创造性淀积而成的，舍恩的行为虽然让它抹了黑，但是它因毅然和果断地给自己揭短并公之于天下的行动，赢得了更好的声誉和评价。贝尔实验室在得到几位科学家对舍恩等人的论文提出质疑和批评后，态度十分坚决和明朗，迅速和果断地成立独立操作的调查委员会，请科学界有威望和公正的专家组成，并且提供充分的自由和调查的权利，专家可与任何有关的人交谈，可查阅有关的任何报告和材料，并将结果公布于众，因而使科学界信服。

科研机构加强对科学工作者，尤其是年轻科学家的科学道德教育和严格执行成果审查制度，是科研管理工作的不可或缺的重要内容，受到越来越多的重视，如贝尔实验室的研究副总裁贾夫所指出的：“我们正在加强完善我们的实验结果发表的政策和过程，并且鼓励内部更严格的评论。”

贝尔实验室的这次教训是深刻的，影响也是深远的，正如贾夫所说：“对提高每个人确保科研诚实的觉悟，这件事是一个经验教训。诚实是科学研究的根基，并且是朗讯科技公司的核心价值之一。”

参考文献

[1] 威廉・布罗德，尼古拉斯・韦德著. 朱进宁，方玉珍译. 背叛真理的人们：科学殿堂中的弄虚作假[M]. 上海：上海科技教育出版社，2004.
[2] 奇云. 震撼国际科技界的“舍恩造假事件”. 世界发明，2003(4)：4－7.
[3] 王阳，张保光. 贝尔实验室舍恩事件调查——科研机构查处科学不端行为案例研究[J]. 科学学研究，2014(4)：501－507.

（陈敬铨）

18. 在科学研究上没有什么比诚实更重要

——发现118号元素的谎言

1999年5月，世界一流的实验室——美国劳伦斯伯克利国家实验室的维克多·尼诺夫(Victor Ninov)在《物理评论快报》上发表文章，声称用高能氪离子轰击铅靶引发一系列原子核衰变，在这衰变过程中探测到3个118号元素的原子及其衰变。这一成果自然被视为1999年最重要的科技突破之一。尼诺夫的发现引起了极大的关注，许多专家认为，这意味着在寻找“稳定岛”过程中前进了巨大的一步，必将极大促进对门捷列夫元素周期表范围的研究，稳定岛是推测中的原子序数在Z=120附近的相对长寿命的核区。那时，已知最高Z的核是几个月前在杜布纳的俄罗斯联合核研究所发现的114号元素。美国著名的核化学家、作为合成多种超铀元素的参与者乔索兴奋地说：“真神，奇迹果真发生了，的确令人兴奋。”

美国俄勒冈州立大学著名的核化学家洛夫兰也十分赞赏，因为此前，许多科学家都认为要得到118号元素并非容易的事情。

但也有科学家对此表示怀疑：人工合成118号元素并非轻而易举之事，根据俄罗斯联合核研究所所观测到的110—114号元素的产生率进行外推，预示118号元素在任何现存的核物理设施上都不可能以有效的速率产生。

德国的重离子研究中心、法国重离子研究实验室和日本的物理

劳伦斯伯克利国家实验室

化学研究所分别重复了尼诺夫的实验，但他们的努力都归于失败，未能观察到所谓的“118 号新元素”。乔索起初对于外国同行的质疑不屑置辩、泰然处之，认为他们无法得到 118 号元素，是因为仪器设备灵敏度低劣所致。而洛夫兰则开玩笑说，118 号元素的合成，犹如“大海捞针，谈何容易”。

在科学界舆论的压力下，劳伦斯伯克利国家实验室开始认真对待，重复他们原来的实验，尼诺夫参与了实验。他向研究小组宣称，他发现了另一个 118 号元素的原子，十分令人激动。然而，当研究小组的其他成员将他们的分析结果与尼诺夫的结果比较时，发现并不相符合。出于对尼诺夫的敬重，谁也不会去怀疑他会出错。不少人认为，与尼诺夫的结果不符，或许表明自己无能。谁也不愿意让 118 号元素的发现与自己失之交臂，他们反复思考、重复核算，为找到 118 号元素的踪迹甚至不惜牺牲周末休息时间，但是，大家的辛劳毫无收获。这时乔索意识到，我们无法用更高灵敏度来重复原来的实验结果，那么必定有错，错在何处？美国科学界包括劳伦斯伯克利国家实验室开始怀疑 118 号元素“发现”的真实性。

由 4 位来自合成 118 号元素研究小组之外的科学家组成的调

查小组，经过为期1年多时间的深入调查研究后指出，一位声称发现了2种“新元素”的核研究人员有欺诈行为。当劳伦斯伯克利国家实验室主任尚克在员工会议上宣布调查结果时，并没有指名道姓，但始作俑者是谁，大家心知肚明：尼诺夫首先是怀疑的对象，因为他是15名合成118号元素科研人员中唯一有权接触原始数据的，在最初的研究中他主要负责数据的分析。调查小组重新分析原始数据后，发现实验中的一项重要指标，即与超重元素衰变相伴产生的大量α粒子，根本就是子虚乌有，“有明确的证据可以判定，尼诺夫博士在科学研究中采取了伪造事实的不正当行为”。

2001年7月，劳伦斯伯克利国家实验室向《物理评论快报》递交了一份收回1999年关于发现2种新超重元素论文的声明。2002年7月15日，《物理评论快报》正式收回“发现”118号超重元素的论文。

尼诺夫是倍受敬重的物理学家，他待人热情、工作肯干、多才多艺。他会演奏小提琴调节大家的情绪，将注意力转移到实验上来；他与2个助手一起，驾驶45英尺帆船横渡太平洋；他在爬山中遇上雪崩，曾严重受伤，攀登其他险峰虽然也遇不测，但逢凶化吉、转危为安；他从保加利亚移民到德国，在德国的重离子研究中心工作多年，20世纪90年代中期参加了发现111号元素和112号元素的科学实验工作，之后，转到美国劳伦斯伯克利国家实验室工作。尼诺夫一直被认为是核研究领域的知名科学家。乔索也认为尼诺夫是他遇到的核物理学界最有才华者之一。但是，令乔索不解的是“他为什么这样干？我们无法想像”。由于涉嫌造假，2001年秋，劳伦斯伯克利国家实验室暂停了尼诺夫的研究工作，2002年5月尼诺夫被开除。

【点评】

尼诺夫的造假事件引起人们的深思。人们不禁要问：尼诺夫有许多合作者，这些合作者有没有责任呢？正如调查人员所指出的那样，关于尼诺夫的研究小组的同事没能检查出尼诺夫的错误的说法是“不可信的”。他们出于对尼诺夫的敬重与盲目崇拜，以自己无能为借口，反映出该研究小组在工作上有令人不安的弱点，缺乏对保证科学诚信至关重要的持续警觉，这使得尼诺夫有作假的机会。

实验室对这样重大的发现也没有经过严格审查就让他发表，这些也都是制度上的漏洞和科学研究中的不正常的地方。由于实验室的负责人没有严格把关，从而有意无意地助长了弄虚作假的行为，使实验室的声誉受到了严重损害。实验室主任尚克对此做了深刻的反思：从这一事件中可以吸取很多教训，其中重要的一条是“在一篇论文发表之前，所有作者都有责任核实”。尚克还特别强调了“科学诚实”的重要性，他说：“对一个实验室来说，没有什么比科学诚实更重要，只有拥有了这种诚实，资助研究的公众才会对我们有信心。”

劳伦斯伯克利国家实验室对待这个问题还是严肃认真的，他们一旦觉察到成员的欺骗行为以后，立即组织独立的专门委员会进行深入细致的调查，包括审查原始数据和计算机程序。为了弄清事实、分清责任，委员会除了和本人谈话以外，还与有关的研究人员谈话或要求他们写出书面材料，澄清事实。实验室对于错误毫不姑息，并且有勇气把错误公之于众，宣布收回已发表的论文。同时，他们也分清责任，保护认真工作的科研人的名誉和积极性。在他们的调查报告的附录中还附上犯错误者本人的辩解。劳伦斯伯克利国家实验室一丝不苟、勇于改正错误的态度，是对科学负责的态度，还是值得肯定的。当然，如果他们包庇错误，将会使他们的实验室蒙受更大的名誉损害。

参考文献

[1] 周书华.劳伦斯伯克利国家实验室做出结论：118号元素的证据是伪造的[J].物理,2003(2)：136－138.

[2] 诸平.118号元素的“发现”、隐退与再发现[J].信阳师范学院学报(自然科学版),2003(4)：481－484.

（陈敬铨）

19. 在科学研究事业上来不得半点虚假

——不能重现的“冷核聚变”

1989年3月23日，在美国的盐湖城，美国犹他大学的史坦利·庞斯(Stanley Pons)教授和英国南安普顿大学的马丁·弗莱希曼(Martin Fleischmann)教授召开了一次不同寻常的记者招待会，他们向世人宣称，用电解重水的方法在室温下完成了原来要在几亿摄氏度的高温下才能发生的核聚变。

庞斯和弗莱希曼

在冷核聚变实验中，他们制作了一个简单的用钯电极作为阳极、钯金属作为阴极的电解槽，在这个玻璃制的常规电解池中充满含有氘原子的重水，然后通上电流，电流从阳极流向阴极，使得由重水流入钯晶格中。钯具有惊人的吸收氘原子核的能力，但由于一个钯晶格容不下两个氘核，强行把两个氘核挤入钯晶格内，就会在那里发生聚变，同时释放多余的能量。由此可以表明核聚变发生的种种迹象是热和核的副产品，如中子以及微量的超重原子——氚。在犹他州的实验中，庞斯和弗莱希曼有两种证据支持其主张：超热及核产品。

他们的实验在科学界引起了巨大的轰动，若常温核聚变(或冷核聚变)真的存在，这无疑是一个重大的事件。因为近半个多世纪以来，科学家们一直探索着用氘、氚（重水、超重水）聚变来得到一种新的能源，但实现这一聚变反应有两大难点：首先实现这一反应必须在超高温、超高压的环境下进行，这就决定了必须向聚变物提供足够的外来能量，才能触发聚变反应，既然是在高温、高压条件下，这就大大增加了反应装置的整体体积和复杂性，使提取能源的成本大大增加。其次，普通的热核聚变的反应速度和能量释放的可控性是迄今没有得到解决的难题。若冷核聚变的确存在，其巨大意义是难以想象的，这可大大简化反应装置、降低成本，其能量释放的可控性较之于热核聚变的可控性要容易得多。

不少人对庞斯和弗莱希曼实现冷核聚变持怀疑态度，他们很难相信足够的氘原子核挤在一起可以发生聚变，这样做成功的可能性很小。麻省理工学院的学生最先尝试重复这项实验，但是没有成功。

全世界的科学家纷纷开始了重复性的实验，数以百计的实验室先后行动起来，甚至还举办了好几次关于冷核聚变的国际学术会议。然而，世界各地众多的实验室都没能成功重复该实验的结果。人们开始失望，对庞斯和弗莱希曼学术诚信的质疑与日俱增。许多人认为，他们没有做过必要的而且十分容易的对照实验；对热量、中子数和证明发生冷聚变的其他迹象的测量都十分草率；误解了有关核聚变的公认理论的实质。

1989 年 7 月 13 日，美国能源部的能源研究咨询委员会在对庞斯和弗莱希曼调查后，报告了得出的结论：低温核聚变产生的能源发展前景相当遥远，已经没有任何由政府和私人组织再去建立的新的实验室去研究这一有争论的现象。咨询委员会并指出，实验报告的数据不能作为有新的能源来源的证据，被称为新的核过程的冷聚变是没有说服力的。因此，“目前还没有理由建立冷聚变研究中心以支持发现冷聚变的努力”。联邦政府撤销了给犹他大学建立冷核聚变研究中心的资金。

不久，美国能源部又组织了专门的小组来审查冷核聚变的理论和研究。1989 年 11 月，这一小组发布了报告，认为庞斯和弗莱希曼没有提出任何令人信服的证据，以表明这种现象——冷聚变会导致有用的能源资源的出现。该小组指出，重复产生多余热量的实验失败，以及关于核反应产物的报告与已建立的猜想不一致，核聚变的推测类型与目前的理解不一致，如果想证实冷核聚变的存在，就需要建立猜想、甚至理论本身，以一种意想不到的方式来延伸已有的理论。小组反对冷核聚变研究的专项资助。

自此以后，美国官方对于冷核聚变的研究特别慎重。美国能源部自 1989 年以来，没有资助过任何有关冷核聚变的试验，专利和商标局也拒绝所有的有关专利申请。

冷核聚变的研究趋于冷落。自 1991 年起，庞斯和弗莱希曼悄然离开美国。1992 年他们与日本丰田公司合作，在法国的一家实验室做研究。1995 年弗莱希曼去了英国。1998 年，法国的那家实验室在花费了一亿两千万用于冷核聚变工作后仍没有取得显著的效果，遂与庞斯中止了合同，并宣布关闭实验室。庞斯没有公开发表声明，只有弗莱希曼还不时地举办讲座和发表论文。

【点评】

庞斯和弗莱希曼“发现”冷核聚变被称为“一出闹剧”。尽管所预料的前景十分诱人，然而从一开始就引起了很多人的怀疑。科学工作者的谨慎的态度、有条理的怀疑精神，阻止了这出闹剧演变为更大的骗局。检验科学发现是否为真，看其有没有可重复性，这是铁的标准。冷核聚变最大的困难在于不能重现。

时至今日，仍有人坚持在这个方向上孜孜不倦地努力着，并声称取得了进展，然而可重复性仍然是困扰冷核聚变的最大的问题。

尽管冷核聚变的鼓吹者声称，在一系列试验中，重复实验结果获得了成功，但他们也承认一致性还很不完善，而某些实验结果从未被重复过。目前，大多数主流科学家仍对冷核聚变持否定或冷漠的态度。

如果庞斯和弗莱希曼更谨慎一些，或许不会像以后那样被搞得焦头烂额。事实上，当时两人已经秘密试验了5年，他们本打算到1990年的9月再考虑是不是发表论文。由于在美国进行核试验，必须要向当局申报后才能进行，所以他们在1988年就申报了；加上后来为了得到同行们的支援，他们便开始向外透露。而校方担心他们如果不率先宣布研究成果，会在专利申请上吃亏，于是迫使两人过早地对外宣布，而导致的后果则是两人早已预料到了的。太急功近利，太看重商业利益，他们因此而弄巧成拙。

而在这次造假事件中，作为社会文化重要代表的媒体扮演了十分重要的角色。《华尔街日报》在记者招待会的当天就匆忙发简讯为冷核聚变喝彩，第二天在头版头条又详细报道了招待会的情况，甚至在遇到对冷核聚变持怀疑立场并提出质疑的声音时，还发表社论高调捍卫：“具有卓越思想的人找到了正确的道路，并已经在思考未来，而站在一旁的其他人却仍旧在为前方的问题所困扰。”

最为离奇的事情是，专门跟踪报道这一事件的记者还因此获得美国物理学会颁发的科学新闻奖。在整个事件中，庞斯和弗莱希曼不仅利用媒体进行抢先报道，让包括科学家在内的公众对其期望满满，媒体也利用这一事件达到了抢新闻、哗众取宠的轰动效应，赚足了公众的眼球。在媒体的大肆宣传下，娱乐界甚至还以“冷核聚变”为题材拍了两部电影，利用“眼球效应”赚钱。无孔不入的江湖骗子也粉墨登场，以冷核聚变为原理迅速制造出“能量放大器”进行兜售和欺骗。媒体在冷核聚变事件中的推波助澜所造成的负面影响之大，由此可见一斑。然而，假的终归是假的，伪装总要被剥去，我们不禁要再次重温那句耳熟能详的老话——在科学研究的事业上，来不得半点虚假。

参考文献

[1] 庆承瑞. 病态科学：冷聚变及其他[J]. 自然辩证法研究，1991(1)：47—53.

[2] 胡允林. 核聚变的诱惑[J]. 世界知识，1991(8)：8.

[3] 徐飞，梁帅. 科学不能承受之重——科学造假的社会文化动因释例[J]. 山西大学学报(哲学社会科学版)，2014(1)：109—114.

（陈敬铨）

20. 由小数点后第三位数字的误差导致的诺贝尔奖

——瑞利和拉姆塞发现惰性气体

夜幕降临，当您漫步在大街上，一定会为五彩缤纷、闪烁变幻的霓虹灯所吸引。可能您也知道，在霓虹灯管里充满的是惰性气体——氦、氩、氖、氪、氙等。说起惰性气体的发现，还有一个有趣的小故事，这是由小数点后第三位数字的误差所导致的重大发现。

瑞利

拉姆塞

英国物理学家瑞利(原名约翰·威廉·斯特拉特(John William Strutt)，尊称瑞利男爵三世(Third Baron Rayleigh))是英国著名的卡文迪许实验室的第二任主任。他以善于用较简单的实验设备获得十分精确的数据而著称，把卡文迪许实验室发展为高级实验中心。他精心制订了研究计划，其中包括重新精密地测定“欧姆”、“安培”和“伏特”3个物理量的工作。

瑞利从1882年开始研究大气中各种气体的密度。在当时大多数人都深信，大气的主要成分是氧和氮，还有少量的碳酸气和水蒸气。瑞利用不同的方法来制取纯净的氧，测得了它们的密度完全一样，并确定了氢和氧的密度之比为1∶15.882。在测定氮的密度时，他发现，从大气中除去氧、碳酸气和水蒸气所得的氮气的密度为1.257 2克/升，而由亚硝酸氨制得的氮的密度却是1.250 8克/升，两者相差为0.006 4克/升。尽管这个误差是在实验容许的误差范围之内，但瑞利没有放过这小数点后第三位数字上的误差，他以万分之一克的精密天平反复测量，结果发现这个差别仍然存在。瑞利对此百思而不得其解。

瑞利在《自然》杂志上公开征答。一位学者向瑞利提供了卡文迪许在一个世纪前遇到的一个重要实验事实：在玻璃容器里用电火花使氮和氧化合，不论化合过程延续多久，总有一个小气泡不能被氧化，卡文迪许猜想空气中的浊气不是单一的，还有一种不与氧化合的成分，其总量不超过全部空气的1/120。另一位有心人、年轻的化学家威廉·拉姆塞(William Ramsay)表示要与瑞利合作。

瑞利重复了卡文迪许的实验，发现在电火花使氮和氧化合的过程中，果然有小气泡不能被氧化，他认为卡文迪许的猜想是有道理的。他和拉姆塞进行了多次测定，以判断“从化合物中制得的氮”和“从空气中制得的氮”是不是一回事。他们先把“从化合物中制得的氮”与镁一起加热，或与氧混合通以电火花，并且用“从空气中制得的氮”进行同样的试验，对两者进行对照。结果证明前者制得的氮是纯氮，后者不是纯氮，含有较重的新元素，并测得这种新气体1升的重量是1.781 5克，密度为19.94(当氧的密度为16时)。在100体积的氮里含有1.186体积，也就是1/84。而测得1升纯氮的重量为1.250 2克。在不纯的氮中，由于含有1.186％的这种气体，所以

1升重量应该为1.257 2克。这个计算值与瑞利“从空气中制得的氮”所测得的实验值完全一致，“这些数据的精密一致几乎使人高兴得流泪。”瑞利和拉姆塞如是说。

他们用分光镜对新气体进行光谱分析，发现有橙色和绿色的各组明线。这是有别于已知气体元素的光谱的。他们同时又委托光谱分析权威克鲁克斯协助验证，很快克鲁克斯确证了未知气体——一种新元素的存在。

1894年8月3日，在牛津召开的英国科学振兴会上，拉姆塞和瑞利公布了这一发现。新元素被命名为氩（Argon，意为“懒惰者”）。他们以辛勤的劳动请出了躲藏在深处的“懒惰者”。

然而，在当时有相当多的化学家不认可这一发现，他们坚持认为像空气这种几百年来被人们分析和讨论到了家的气体中，存在着近1%的新元素是不可能的，还有人声称，由于空气中含少量叠氮（N_3），才导致空气中氮的密度略大。

从这一年的9月起，瑞利和拉姆塞再次开展了对氩气的实验研究，寻找更有说服力的事实。他们制得了更多的氩，经过反复测量，得到氩的密度为19.94。瑞利又采集了溶于水的空气，在去除氧气之后，收集氮气并精密测定其密度，测得大于空气中氮气的密度，瑞利的测试结果如下表所列，这就证明了氩气原来就包含在空气中，而不是经过除去氧和氮等化学操作所生成的。

由水A采集的氧	2.322 1克	由空气采集的氧	2.310 2克
由水B采集的氧	2.322 7克	以化学方法采集的氧	2.298 5克

他们通过多种实验证明氩的化学特性极不活泼，把氩与其他气体、固体或液体混合在一起加热或者通电，都未发生任何化合和分解现象，它确实是化学性质不同于N_3的惰性元素；用物理法测得氩

的恒压热容 C_p 与恒容热容 C_v 之比为 1.653，从而推知氩为单原子分子，进而求得其原子量为 40，无可辩驳地确证了新元素氩的客观存在。

发现氩以后，拉姆塞经过不懈的努力，又相继发现了氦、氪、氖、氙和氡等惰性气体。

瑞利因“对一些重要的气体密度的研究，以及这些研究的成果之一——氩的发现”而荣获 1904 年度的诺贝尔物理学奖。拉姆塞“因其发现新族元素——惰性元素”而获得 1904 年度的诺贝尔化学奖。

【点评】

氩是人类发现的第一个惰性元素，这是由不起眼的小数点后的第三位数字的误差提供的机遇所导致的重大发现。两位科学家为此同时获得诺贝尔奖，这在科学历史上被传为佳话。事实上，瑞利早在 1875 年就在气体密度方面存有疑问。在许多人都认为原子的重量都严格地等于氢原子重量的整数倍时，瑞利就已经觉察到了有例外——氧和氢的密度不是严格的整数倍(在当时最精确的值为 15.96∶1)，这个疑点导致了他以后近十年的精密实验测量，并把他引向了辉煌的顶点。

对科学研究中遇到的可疑之处，哪怕是细小的差别紧追不放、穷追不舍，是瑞利取得成功的关键所在，然而这需要具备明察秋毫的洞察力、一丝不苟的科学研究态度、辛勤的劳动和精益求精的精神。

拉姆塞发现氩以后，又连续发现 4 个惰性元素，在科学史上创下了奇迹。他若没有观察任何细枝末节的求真精神、严谨的科学态度和实事求是的风格，就不会注重研究实验测试的细微误差，就不会留意剩余氮气密度逐渐上升的变化，也就不能发现隐藏在这些可能被忽略的数据和现象背后的稀有元素。拉姆塞的座右铭是："多看、多学、多试。如有成果，绝不炫耀。一个人如果怕费时费事则将一事无成。"这使他能够在科研活动中明察秋毫，在别人以为是贫瘠的荒漠里，寻找到肥沃的绿洲，缜密精细的观察本身就是智慧的开拓和运用。

拉姆塞所做出的巨大努力令人惊叹不已。在发现氦的过程中，他曾经研究了一百五十多种稀有矿物、7种陨石、二十多种矿泉水和海水，耗费了大量的时间和精力；在寻找其他惰性气体的过程中，他将百余升液体空气慢慢蒸发，逐一检查，正如他的好友汉普松所指出的："这个工作不是懒汉所欢迎的。"看来，捕捉机遇需要有准备的头脑，更需要艰苦的劳动和辛勤的汗水。

参考文献

[1] 陈敬铨. 启示之光——科学发现的契机[M]. 合肥：安徽教育出版社，2003：139—147.

[2] 刘会敏，胡志刚. 机智的实验者和大胆的预言家[J]. 化学教育，2012(7)：73—75.

（陈敬铨）

21. 科学研究要追求卓越和精益求精

——在科学实验中务求尽善尽美的玻尔

尼尔斯·玻尔(Niles Bohr)是丹麦著名的物理学家,1885 年生。1903 年进入丹麦哥本哈根大学学习物理,1909 年获科学硕士学位,1911 年获博士学位。1920 年在哥本哈根大学创立了理论物理研究所。这个研究所以其培养出一批批出色的科学家为人所知,而且以其无与伦比的哥本哈根精神著名。1922 年,他因对研究原子的结构和原子的辐射做出贡献获得诺贝尔物理学奖。

大学时代的玻尔

玻尔在大学学习期间,就显示了他具有严谨的治学态度和独立的科学研究能力。1905 年,丹麦科学文学院悬赏征求有关液体表面张力的论文。英国物理学家瑞利从理论上证明:对于在具有已知速度和横截面积的一股液流表面上形成的波,只要测出其波长来,就可以确定其表面张力。

应征论文规定在 1906 年 10 月 30 日前交出。以前应征并得奖的人大多数是有成就的学者,而玻尔此时只有 19 岁,读大学二年级,但他却有足够的信心和勇气,想通过这次机会考验自己的能力。他想出一种产生液流的方法,然后测出液流的波长,他到他父亲的实验室做实验验证。

玻尔利用自制的玻璃管子，并使喷口形成特殊的形状，使得水从管子里喷出，形成足够长而稳定的水柱。有了这样足够长而稳定的水柱，水的表面会在表面张力作用下产生面波——这种波就是瑞利研究中所说的“振动”。

玻尔为自己独立开展研究感到振奋，他全身心投入到实验中去。由于白天实验室有其他人在工作，而他想获得水流的扭曲程度要保持几个小时的稳定，这几乎是不可能的。他只有等到其他人的工作结束后才能做实验，他的绝大部分的工作只能在夜间进行。这个实验很费时间，每次总得花几个小时，观测时又必须谨慎仔细。玻尔是一个务求完善的人，他在做完每一次实验后，总会发现还有需要改进的地方，实验因此一次次重复进行。征文截止日期眼看快到了，玻尔还在没完没了地改进实验，他的合作者都感到厌倦了，但却无可奈何。他的父亲不得不出面干预，强迫他停止实验，带上实验数据到庄园里去完成论文，并一再嘱咐他不要无休止地修改论文，以免错过了递交论文的期限。

玻尔经过艰苦的努力，终于在规定的时间把应征论文交了上去。

玻尔的论文看来不太符合征文的要求，因为他只测定了水的表面张力，而征文的要求是“研究应扩大到多种液体”。但玻尔的研究不仅实验方法奇妙、精密，而且突破了征文要求的局限，他不仅应用了瑞利的理论，而且推广了瑞利的理论，表现出了他的独创性。应征论文评比者们经反复考虑之后，认定玻尔的论文应该获得金质奖章。在 1907 年 1 月 25 日给科学文学院的报告中他们写道：“这项工作尽管只研究了水一种液体，没有像另一位作者那样全面地解决问题，不过，作者却使这个问题在其他方面得到了发展，取得了很大的成就，我们因此建议这篇论文获得金质奖章。”

1个月后,玻尔收到了丹麦科学文学院寄来的获奖通知。获得金质奖章后,波尔并不满足,他继续进行了更多的实验,对水的表面张力做进一步测定。1908年的下半年,玻尔向伦敦皇家学会寄去题为“用水柱振动法测定水的表面张力”的论文。这篇论文并非是获奖论文的简单英译文,而是做了许多的改进和更深入的研究。后来这篇论文正式发表在伦敦皇家学会的会刊《哲学报告》上。玻尔在流体力学和液体表面张力方面的研究,以及他采用的实验方法和取得的成果,获得了这一领域的专门研究者的高度赞赏。

【点评】

科学研究活动是一项艰巨的认知活动。科学研究的目的在于探究自然现象背后的规律。这种规律并不是表象的,而是隐藏在表象背后的本质。科学研究需要科学家付出辛勤的劳动,经历无数的磨难。科学家在从事这种艰辛的工作时,比从事其他认知活动更需要遵循敬业的价值取向,履行严谨准则。严谨准则是指科技工作者细心地设计和进行实验,准确无误地记录和报告结果,注意避免错误;用事实说话,避免不适当的偏见;科学论证和理论推导应具有逻辑性和科学性;追求卓越,精益求精。

玻尔在大学学习期间在开展科学研究方面表现了敬业精神和严谨的作风,这为他以后在物理学研究的最前沿开展卓有成效的工作奠定了坚实的基础。

玻尔大学毕业后从事原子和原子结构方面的研究,成了一名纯粹的理论物理学家,没做过物理学的任何实验。但大学时代的这次实验却影响了玻尔的一生,使他终生重视实验物理学家的工作,知道那些实验室的人在思考什么,也知道如何用实验证实自己的理论研究,从而使更多的物理学家接受他提出的非凡理论。他一辈子履行严谨准则,追求卓越,精益求精,深刻地影响了几代年轻的物理学家,他成为伟大的哥本哈根学派的当之无愧的精神领袖。

令人想不到的是,尽管玻尔再也没有涉及液体表面张力的研究,但是二十多年后,玻尔提出了著名的"液滴模型",成功地解释原子核的许多基本特性,许多人认为,这得益于他早年对于液体表面张力的研究。不久,一位奥地利女科学家迈特勒用这种"液滴模型"解释了铀原子核被中子撞击后发生的核裂变,最终导致了原子能的利用。

参考文献

[1] 李臻. 诺贝尔奖得主的大学时代[M]. 上海: 文汇出版社,2006: 118—123.

[2] [美]派斯著. 戈革译. 尼尔斯·玻尔传[M]. 北京: 商务印书馆,2001.

(陈敬铨)

22. 具有强烈社会责任感的核物理学家

——西拉德为人类和平极力遏制使用核武器

美国核物理学家利奥·西拉德(Leo Szilard)在20世纪30年代认识到“中子链式反应”的研究会导致具有毁灭性能力“原子弹”的发明,他担心核物理学家的有关研究成果被法西斯希特勒所掌握。出于强烈的社会责任感,他到英国、美国和法国,游说这些国家的政府和核物理学家注意成果的保密,以防流入德国之手。在这种努力失败之后,西拉德于1940年前后建议爱因斯坦给美国总统罗斯福写了两封信,建议美国政府进行原子弹研制,这就导致了美国著名的“曼哈顿计划”的产生,并于1945年3月先于德国研制成原子弹。

1945年3月,原子弹的研制即将完成。届时,反法西斯战争已近尾声。美、英、苏的部队已在德国本土上对希特勒进行战略反攻,看来原子弹来不及用于欧洲战争了,这时美国陆军部准备将原子弹用于对日本的战争。事实上,当时日本的战败已成定局,鉴于这种形势,西拉德认为是否在战场上使用原子弹,美国政府应采取慎重态度,不然的话会在世界上引起核军备竞赛。于是他写了一份“备忘录”托爱因斯坦推荐给总统罗斯福。在这份备忘录中,西拉德指出:“我们面临的最现实的危险是我们的原子弹‘显示’之后,可能会使美苏陷入生产这种武器的竞争之中。我们必须预料到,有些国家只要付出大约5亿美元的代价就能在6年之内积累相当于1 000万吨TNT的原子弹。6年之后我们的大多数主要城市就可能在一次突然的核袭击之下完全毁灭,其居民也将全部死去。”抱着这种社会责任感,西拉德想面见罗斯福,亲自向他陈述自己的见解。遗憾的是,信件送达白宫之后不久罗斯福总统就去世了。

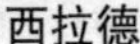
西拉德

西拉德和爱因斯坦

1945 年 6 月 6 日,美国陆军部正式认定:“应尽可能快地把原子弹用于对付日本,应在无预先警告武器性质的情况下使用原子弹。”部分参加研制原子弹的科学家在获悉此意见后大为震惊。6 月 11 日由弗朗克、西拉德等 7 人起草了一份致陆军部长的报告,开宗明义地指出:“对待核能与对待物理学领域的所有其他进展不同,其唯一原因是,核能在和平期间可能被当作政治压力,在战争中可能造成突发性毁灭。介入此计划的科学家并不冒昧地以谈论国内和国际政策问题的权威来讲话,然而过去 5 年来发生的事件却把我们推向一种地位:我们这一小部分公民了解到这个国家的安全以及其他所有国家未来所面临的严峻危险,而人类的其余部分却对这一切一无所知。因此我们感到有责任紧迫地指出,对因掌握了核能而出现的政治问题的全部严重性加以认识,采取适当的步骤来研究这些问题并为必要的决定做准备。”“我们确信,过早地不预先宣布就用原子弹来打击日本的想法是不明智的。如果美国真的首先使用了这种新的、不加区别地毁灭人类的武器,他就要失掉全世界公众的支持。加速军备竞赛，破坏了达成将来控制这种武器的国际协议的可能性。”

报告送到陆军部之后，军部仍然维持原来的决定。西拉德出于高度的社会责任感，于 1945 年 7 月 3 日起草了一份“致美国总统的请愿书”，递交总统杜鲁门，共有 63 位著名科学家在上面签名。他们在请愿书上写道：“战争马上就要胜利地结束了，用原子弹来毁灭日本的城市可以作为一个很有效的战争手段。然而我们认为，在现在的情况下这样来打击日本是没有道理的。我们相信，在战争的现阶段，美国不应当依赖于使用原子弹，至少在公开宣布要强迫日本接受的战后条件并给日本一个投降机会之前不应该这样做。”

“原子弹主要是一种无情地毁灭城市的方法。一旦它们作为战争工具被使用了，那么要想长期阻止使用原子弹的引诱就很困难了。”

“鉴于上面所谈的，我们下面签名的人，恭敬地向您请愿：希望您行使您作为最高司令的权力，命令美国不要在现在的战争中使用原子弹。”

西拉德请愿书中的主要建议并没有被美国政府所采纳。同年 7 月 16 日原子弹在美国新墨西哥州试验成功。接着，美国于 8 月 6 日用原子弹轰炸了日本广岛，于 9 月 9 日又轰炸了长崎。

二战后，西拉德积极参与反对核战争、反对核扩军的运动。1957 年 7 月西拉德参加了第一次“帕格沃什会议”。这是一次著名的反对核战争、反对核扩军的国际科学家会议。自 20 世纪 60 年代以来，国际上反对核战争、反对核军备竞赛运动风起云涌，表明西拉德等人反对使用核武器的努力是深得人心的，是正确的、有意义的。

【点评】

科学工作者的责任准则是指，具有强烈的历史使命感和社会责任感。他们要将科学研究与满足国家和社会需求结合起来，成为科学报国者；在科研活动中珍惜资源，力戒浪费，对社会和公众负责；遵守人类社会和生态的基本伦理，珍惜与尊重自然和生命；更加自觉地规避科学技术的负面影响，承担起对科学技术后果评估的责任；珍惜自己的职业荣誉，避免把科学知识凌驾于其他知识之上，避免科学知识的不恰当运用。

西拉德是奉行责任准则的表率，他在1945年7月之前支持美国原子弹的种种研发活动，是具有强烈的历史使命感和社会责任感的表现，将原子弹的研发与满足反法西斯战争的需求结合起来；他在1945年7月以后参与反对核战争的种种活动，则是他遵守人类社会和生态的基本伦理，珍惜与尊重自然和生命，规避科学技术的负面影响，承担起对科学技术后果评估的责任，避免科学知识的不恰当应用等负责任的表现。

表率的作用是无穷的，竭尽全力来防止核战争，已经成为有正义感的科学家的共同责任和自觉行为，正如第一次“帕格沃什会议”通过的第3个报告中所说的那样：“我们相信科学家除了他们的本职工作之外，最大的责任就是竭尽全力来防止战争，帮助建立一种持久的、广泛的和平。他们应该在力所能及的范围内对公众进行启蒙教育，使他们了解科学的破坏性和创造性潜力；还要寻求一切机会来影响国家政策的形成。”

参考文献

[1] 王顺义. 具有社会责任的核物理学家西拉德[J]. 国防科技，2002(7)：

90—92.

[2] 尹传红,骆玫. 西拉德：原子时代的先知先觉者[J]. 知识就是力量,2015(8)：54—57.

（陈敬铨）

23. 诚实地报告观测数据导致的重大发现

——彭齐亚斯和威尔逊发现 3K 微波背景辐射

彭齐亚斯和威尔逊

1964 年，美国贝尔电话公司实验室在新泽西州的克劳福特山上建立了一架巨大的天线，用于接收"回声"卫星的信号，其主管工程师是阿诺·彭齐亚斯(Arno Penzias)和罗伯特·威尔逊(Robert Wilson)。当他们在调试这架天线、用它来测量银晕气体射电强度时，出现了背景噪声，它类似于雷雨天从收音机里听到的天线干扰声。

最初，他们猜测这可能是天线系统内部产生的电噪声所致，并受命按这一思路去检测噪声的性能并消除该噪声。为了检测这台天线的噪音性能，他们将天线对准天空方向进行测量。他们发现，在微波段为 7.35 厘米的地方一直有一个稳定的、各向同性(即不随方向变化)的噪声讯号存在，并且不因昼夜而变化，也不因季节而变化，因而可以判定与地球的公转和自转无关。难道这是天线自身产生的电噪声？1965 年初，他们将天线拆卸，进行了彻底检查，并完善了天线内部结构的一些部件，同时还驱赶天线附近的鸽子，清除了天线上的鸽子窝和鸟粪，排除这些内外因素对天线产生噪声干扰的可能性，然而噪声仍然存在。

彭齐亚斯敏锐地感悟到反常现象——幽灵般的电噪声的背后肯定有异常的原因。经过连续数个月的观测，彭齐亚斯和他的合作者发现这个额外的噪声温度是各向同性的，而且和季节变化无关。他们深信这种噪声不是因接收机故障造成的，而是来自深远的宇宙空间的一种他们尚不了解其来源的辐射，这种辐射相应的黑体辐射体的温度约为 3.5K(以后更精确测量为 3K)。

感觉仅仅是对现象的反应，理论才解决本质问题。对天文观察现象做出合乎科学逻辑的解释，一向是彭齐亚斯追求的目标。他是探索星际分子的最早的一批科学家之一。他发表的第一篇论文是关于在射电波段上发现星际空间羟基(—OH)的存在。如何从理论上解释这种背景噪声呢？彭齐亚斯苦苦思索，夜不能寐。

富有戏剧性的是，正当贝尔实验室的射电专家们为背景辐射的存在而百思不得其解时，普林斯顿大学的一个研究小组的专家们却给出了问题的答案。该研究小组正热衷于宇宙大爆炸理论的研究之中。早在 1946 年，美籍俄国物理学家伽莫夫提出了大爆炸宇宙模型，该模型认为，幼年的宇宙几乎全是由高温热辐射组成的原始火球，从最大压缩时刻开始，距离与时间的平方根成正比增加，温度则与之成反比减小，这就是所谓的原始火球大爆炸。一个最初几乎由热辐射充满的宇宙，开始时辐射远远超过物质，但随着宇宙的膨胀，物质渐渐超过了辐射，伽莫夫预言了作为大爆炸遗迹的电磁辐射背景存在的可能性。1953 年，他进而认为宇宙如此古老以致变得异常寒冷，当年爆炸后残存的辐射温度可能只有 5K。

普林斯顿大学研究小组在天体物理学家迪克教授的领导下，努力寻找宇宙大爆炸理论的依据。为了探测原子火球爆炸后的宇宙余热，他们设计了一种辐射计，一只小型喇叭指向上方以接收天空的辐射，下方装有放大器和其他电子设备。但是凭借这种简陋的装置想要探测到宇宙残余辐射，其可能性是微乎其微的。

“踏破铁鞋无觅处，得来全不费功夫。”正当迪克他们走投无路之时，接到了彭齐亚斯的电话，通报了他的新发现。迪克眼前一亮，异常兴奋，急忙带领一班人马倾巢出动，风尘仆仆地爬上克劳福特山，经过认真的讨论，令人震惊的是：彭齐亚斯意外发现的微波辐射正是苦苦寻找的宇宙背景辐射！

1965 年，在美国《天体物理学报》第 142 卷上，同时刊登了彭齐亚斯和威尔逊的短文《4 080 兆赫的过剩天线温度测量》以及迪克小组写的《宇宙黑体辐射》。前者仅用了约 600 个字简要地报道了自己的观测发现及测算方法；后者则着重于宇宙模型的理论探讨和对前者的发现做理论诠释，在对前者工作做了充分的肯定后，明确指出，3K 微波辐射背景的发现，是对宇宙大爆炸理论的最有力的支持。

对现代宇宙学界来说，这是 1929 年哈伯发现河外星系红移即宇宙膨胀现象以来又一次具有划时代意义的重大发现。始料未及的是，彭齐亚斯和威尔逊追究令人讨厌的噪声，竟带来了现代宇宙学发展的第二次高潮，他们获得了 1978 年度的诺贝尔物理学奖。瑞典皇家科学院在诺贝尔奖授奖仪式上对这项发现做了高度评价：“彭齐亚斯和威尔逊的贡献是一项根本性的发现，使人们有可能得到很久以前——在宇宙形成时——所发生的宇宙变化过程的信息。”

【点评】

诚实是诚信的第一层含义。英国科学家克拉默认为，诚实是科学家在科学研究中必需持有的一种品格。他说：“从长远来看，一个诚实的科学家是不吃亏的，他不仅没有谎报成果，而且充分报道了不符合自己观点的事实。”彭齐亚斯和威尔逊的案例证明了这一点。当初他们宣布自己的关于微波背景辐射发现时，并没有弄清其理论意义。但是因为他们诚实报告当初以为会不被人看好的观测结果，被美国天体物理学家认定为它是确证“大爆炸宇宙论”的有力证据，是20世纪天文学上的四大发现之一。

彭齐亚斯和威尔逊能摘取诺贝尔奖的桂冠是当之无愧的。他们做出发现确实带有偶然性，但偶然背后却蕴藏着必然，做出如此的发现，同他们的执著追求和有着高超的科学鉴赏力是分不开的。唯有具备完美科学素质和深邃洞察力的人，才有能力欣赏隐藏在混沌噪声之中的那种引人入胜的宇宙和谐之美。正如法国著名雕塑家罗丹所说，所谓艺术大师就是能在常人司空见惯、习以为常的事物中发现美。

彭齐亚斯有着科学艺术大师的眼光。他们完美的科学素质表现在对于意外的事物不掉以轻心；对于捕捉到的意外事物，采取严谨的科学态度来对待和正确的方法来处理。他们采用“逐步筛除法”，逐一区分和消除各种可能的干扰因素；为了追寻天线的额外温度辐射源，他们除赶走在天线入口处筑巢的一对鸽子，还轻敲天线金属板的所有接缝，以排除因连接处可能存在的缺陷而造成天线损耗和漏电；又彻底清扫了天线。之后，他们把天线从原来的方位转向各个天区，从1964年7月至1965年4月连续不断地进行观测，以考察季节性变化的影响。在做完了这些事情之后，他们才放心地确认这种额外天线温度源于深远的宇宙空间。

参考文献

[1] 苏汝铿，高学贤. 宇宙背景辐射的发现——介绍彭齐亚斯和威尔逊[J]. 自然杂志，1979(9)：591—592.

[2] 刘树勇.从央斯基到彭齐亚斯和威尔逊——纪念宇宙背景微波辐射发现26周年[J].大学物理,1991(10):38—40.
[3] 陈敬全.启示之光——科学发现的契机[M].合肥:安徽教育出版社,2003:163—168.

（陈敬铨）

24. 最有争议的诺贝尔奖获得者

——被称为“一半是天使，一半是魔鬼”的化学家哈伯

在第一次世界大战期间的1915年4月22日下午，在比利时伊普尔高地，协约国士兵和同盟国的德国士兵正在交战。突然，在德军阵地升起了一团团黄绿色的烟雾，随着微风向对方阵地徐徐飘去，没过几分钟，长达几公里的协约国阵地就笼罩在黄绿色烟雾之中，成群的士兵被熏得东倒西歪、纷纷倒地。德国士兵戴着用水淋湿的纱布和棉花制成的简易防毒面具，向敌人冲去，轻松地占领了这块久攻不下的阵地，取得了赫赫战果：1.5万协约国士兵中毒，战线迅速向前推进几公里。

这就是震惊世界的“伊普尔战役”，黄绿色烟雾是能令人窒息的毒气——氯气。它拉开了近代化学战的序幕，化学武器从此登堂入室。这种武器在第一次世界大战中被参战国不断采用，除了氯气外，还使用了光气、双光气、氯化苦、二苯氰砷、芥子气等。各参战国共生产各类毒剂约13.6万吨，使用11.3万吨，共造成130万人中毒伤亡，占战争伤亡总人数的4.3%。

哈伯

化学武器用于战争的始作俑者是德国的著名化学家弗里茨·

哈伯(Fritz Habe)。哈伯由于发明了从空气中合成氨的方法而闻名于世。氨是农业生产中最重要的肥料,用空气中的氮气跟氢气反应直接合成氨是最理想的方法,但是要在化工生产中实现却非常困难。从18世纪中叶起,不少人开始了这方面的努力,都未能成功,但明确了:氮气和氢气的混合气体在高温高压的条件下及催化剂的作用下是能合成氨的。然而,什么样的高温和高压条件为最佳?以什么样的催化剂为最好?哈伯从1904年起进行了艰苦的探索,经过不断的实验和计算,终于在1909年取得了鼓舞人心的成果:在600℃的高温、200个大气压和锇为催化剂的条件下,能得到转化率约为8%的合成氨。哈伯成功地设计了原料气的循环工艺,使反应气体在高压下循环加工,不断地把反应生成的氨分离出来。1914年在德国,利用哈伯的合成氨方法建成世界上第一座日产30吨合成氨的工厂。哈伯的发明还使大气中的氮变成生产氮肥的永不枯竭的廉价来源,从而大大减少了农业生产依赖土壤的程度,开启了农业生产现代化的历程。

在第一次世界大战期间,哈伯因他的名声显赫,时常应邀参加德军总参谋部的会议,为德国的军火供应和战争出谋划策。采用氯气作为一种新的攻击手段就是哈伯提出的,其首次应用在"伊普尔战役"中取得胜利,这引起了军方的刮目相看,军方专门成立了化学作战局,哈伯被任命为局长。哈伯不懈地努力制造化学毒气,1917年他又指挥军方使用了毒性更大的芥子气。

但是哈伯发明的化学武器没能使德国在一战中逃脱厄运,1918年11月,德国宣布投降,第一次世界大战以同盟国的失败而告终。

1919年冬,瑞典皇家科学院因哈伯发明合成氨工艺、使人类摆脱了依靠天然氮肥的被动局面而做出了巨大贡献,决定授予哈伯1918年度诺贝尔化学奖。消息一经传出,立即引起了轩然大波。那些在一战中受过化学毒气侵害的协约国士兵及罹难者家属纷纷走上街头，对瑞典皇家科学院的决定表示抗议。各媒体相继发表声明和社论谴责哈伯。但是瑞典皇家科学院拒绝改变做出的决定，哈伯在1920年初得到了1918年度的诺贝尔奖。

1921年至1922年，协约国在莱比锡组织审判890名战犯，哈伯的名字也出现在战犯名单中。然而仅有43名次要战犯交付法庭审判，其中大多被宣布无罪，只有少数被轻判。哈伯幸运地逃过了这次惩罚。

第一次世界大战之后，德国为支付巨额的战争赔款背上了沉重的负担。哈伯急于帮助德国摆脱困境，试图从海水中提取黄金，可惜没能成功。他领导了德国威廉物理化学研究所，使它成为世界一流的研究机构。1933年希特勒上台后，建立了法西斯统治，开始推行以消灭“犹太科学”为己任的所谓“雅利安科学”的闹剧。尽管哈伯是著名的科学家，但是因为他是犹太人，和其他犹太人同样遭到残酷的迫害。法西斯当局命令在科学和教育部门解雇一切犹太人。弗里茨·哈伯这个著名的化学家被改名为“Jew 哈伯”，即“犹太人哈伯”。他所领导的威廉研究所也被改组。随后，哈伯被迫离开了德国，流落他国。他先到英国剑桥大学的鲍波实验室工作。4个月后，以色列的希夫研究所聘任他到那里领导物理化学的研究工作。哈伯在去希夫研究所的途中，由于心脏病发作，于1934年1月29日在瑞士去世，客死他乡。

【点评】

哈伯是一个双面人，他“一半是天使，一半是魔鬼”：一方面，他在合成氨工业方面做出了贡献，使人类摆脱饥饿的威胁，这无异于盗取火种的普罗米修斯；另一方面，他又像打开魔盒的潘多，是他促成了德国军方在一战中率先用化学武器，是他用知识和技术造就了成千上万的冤魂，以致天怒人怨、为千夫所指。

瑞典皇家科学院决定给哈伯颁发诺贝尔化学奖，是看中他"天使"的一面——考虑到哈伯发明的合成氨对全球经济巨大的推动作用。1918年12月，瑞典皇家科学院宣布当年的化学奖获得者是德国的哈伯，此时距离战争结束仅一个月，哈伯刚被战胜国列入战犯名单。将诺贝尔奖授予一个战犯，这需要很大的勇气和决心。但瑞典皇家科学院还是这样做了，并自以为更看重的是科学本身，哈伯获奖当之无愧。

然而，瑞典皇家科学院此举引起了舆论界与科学界的非议，英国著名的《自然》杂志发表了措辞激烈的评论，指出："哈伯将其聪明才智用到了战争和杀人方面，其目的是使用窒息性毒剂戕害人类，这永远是哈伯的耻辱、德国人的耻辱。"美国《纽约时报》的社论认为："应该承认哈伯在化学领域的贡献，但他参与了肮脏的化学战，在这种情况下瑞典皇家科学院还将此殊荣授予哈伯，则不是在惩办战犯和放毒者。"虽然哈伯自己说，这是"为了尽早结束战争"，但仍然遭到了美、英、法和中国科学家们的谴责，哈伯的妻子伊美娃也以自杀的方式以示抗议。

瑞典皇家科学院忽视了科学家承担的社会责任和应奉行的道德准则。其实，科学家由于其职业的特殊性而拥有对于社会的特殊责任，他们是科学研究的主体，是科学知识的所有者，他们比任何人都更能预见科学成果所带来的社会后果，他们因此必须遵循伦理规范：他们要估计自己研究的后果，做出判断并公开其判断；应该保证所进行的研究得到的后果不会给人类的安全带来危险，不应有利战争与暴力，不应损害国际协议中提到的人类基本权利；当科学家断定他所参加的研究对于人类有危害时，他要中断或退出研究，并且要公开这些研究的不良后果。

哈伯作为一个出类拔萃的化学家，他完全清楚化学武器的危害和后果，然而极端的民主主义倾向，使他成为发起化学战的罪魁祸首，他严重违背科学的伦理规范的行为，成为他终身洗刷不掉的污点，“恶魔”的臭名伴随他的一生。

与哈伯相反，不少杰出的科学家都深感肩负的社会责任和道义责任的重大。爱因斯坦从自己的亲身经历中感受到：“在我们这个时代，科学家和工程师担负着特别沉重的道义责任。”他语重心长地对学生们说：“如果你们想使自己一生的工作有益于人类，那么，你们只懂得应用科学本身是不够的。关心人的本身，应当始终成为一切技术上奋斗的主要目标。要关心怎样组织人的劳动产品这样一些尚未解决的问题，用以保证我们科学思想的成果会造福人类，而不至于成为祸害。”

参考文献

[1] 邓玉良. 一半是天使，一半是魔鬼——记德国著名物理化学家、化学战之父费茨·哈伯[J]. 化学世界，2003(8)：446—448.

[2] 陈敬全. 启示之光——科学发现的契机[M]. 合肥：安徽教育出版社，2003：418—424.

[3] 傅静. 科技伦理学[M]. 成都：西南财经大学出版社，2002：92—95.

（陈敬铨）

25. 总统的关注
——拉吉普剽窃案

2002 年，印度库曼大学的前校长拉吉普（Balwant Singh Rajput）与他的学生约什（S. C. Joshi）发表了一篇关于黑洞方面的文章。这篇文章的题目是 Axion-dilaton black holes with SL (2, Z) symmetry through APT - FGP model，发表在《欧洲物理学通信》杂志第 57 卷第 5 期上。但是很快，有物理学家发现这篇文章完全剽窃了 1996 年的一篇文章，作者是斯坦福大学的教授卡拉什，卡拉什的文章发表在 1996 年《物理学评论》第 54 卷第 8 期。这个结果被公布到当时印度的一个专门反对科学剽窃的网站 Geocities site 上。

当时，被剽窃文章的原作者卡拉什收到一封邮件，说明了她的文章被剽窃的事情。最初她没想对此采取什么行动，但她后来听说库曼大学物理系主任被突然解雇，她决定插手。因为她认为这位主任是由于调查这桩剽窃案而丢掉工作的。她还发现一起发表文章的学生约什还因此获奖。她感到非常生气。2002 年 10 月卡拉什起草了一封给印度总统的信件，在这封信中，她写道：“一代极有天赋的印度物理学家已经得到国际物理学界的广泛认可，并且为印度物理学带来了极大的荣誉。如果印度科学的这个崇高的声誉被少数几个剽窃者所败坏，那真是太可惜了。”

虽然这封信没有能够直接到达印度总统的手中，但通过互联网络和权威学术刊物的报道，印度总统得知了这个事情，他于是组织了一个调查委员会展开调查。经过两个月的调查，2003 年 2 月，这个委员会认定拉吉普剽窃案成立，很快，拉吉普的另外 3 篇文章也被证明都涉嫌剽窃。

拉吉普感到很生气，他威胁说要采取法律手段控告该 Geocities site 网站。接着，拉吉普致信《欧洲物理学通信》的主编缪勒・库姆巴哈说明情况。在邮件里他说："过去 8 年以来我作为该校校长工作，而且在印度许多大学，在我的指导下，一些高能物理学研究团队在他们发表作品中署我的名字。"他还辩称文章完全是由他的学生约什写成的，并没有得到他的同意就署名。在同一封邮件里他说道："我不知道约什先生向贵刊提交的这篇文章，因为身兼繁重的校长行政工作，我不可能关注到在许多大学在我的指导下所有研究学者的活动。"

对于这件事情，约什也做出了说明："这是我博士论文一小部分，以信件的形式以及这篇文章完整的形式是在另外一篇国际杂志上发表。"另外，他还补充说："我为我上述引用的文章负责，B・S・拉吉普教授的名字仅仅表明这篇文章是在他指导下而正式完成的作品，而且没有得到他的正式许可。"但是令人感到困惑的是，约什也试图在这封信中捍卫自己，他说，最近遇到过卡拉什教授。无论是卡拉什教授还是《物理学评论》和《欧洲物理学通信》的编辑人员都没有对他的文章提出任何怀疑或反对。当然，他无法解释一些重合。他同意大部分文章看上去是卡拉什教授作品的拷贝的说法，而且感到应该道歉。但他认为这些都是粗心大意的结果，而不是故意为之。

拉吉普最终被印度政府撤销了库曼大学校长的职务，但继续在该大学任教。2013 年因为其卓越研究而获得印度科学委员会颁发的"生命成就奖"，而约什则在奥柯国际学校任教。

【点评】

观看拉吉普和约什的整个事件,我们发现剽窃肯定是成立的。因为拉吉普 2002 年的这篇文章很大程度上是对 6 年前美国教授卡拉什文章的照抄。只是在“谁为剽窃担责”的问题上出现了极大分歧。我们也看到了两者的态度差异。从拉吉普角度看,由于拉吉普在印度物理学界影响甚大,因此面对相应指控,开始很强硬,甚至威胁曝光网站要采取法律手段。在被正式认定为剽窃的时候,他想尽办法为自己脱责。比如辩称自己因为身兼繁重的行政工作,所以疏于管理下面的学生及其合作者,并且在整个事件中是“被署名”。再看约什,作为拉吉普的学生,他被迫承担了整个事件的职责,比如在公开场合承认自己在未得到导师允许的情况下署名,罪责与自己有关。当然也解释了之所以署名导师,是想说明这篇文章是导师拉吉普亲自指导的结果,并且出错也不是故意为之,而是粗心大意的结果。

从最后的处理结果看,我们只看到拉吉普的校长职位被撤销,但他依然在库曼大学任教,并且于 2013 年还获得了印度的“生命成就奖”;而约什所受到的惩罚也并不是很大。之所以如此,多少和印度的学术制度与氛围有很大关系。

印度的相关法规极度缺乏,十多年过去了,印度学术界也没有出现完整而系统的相关法规,所以使得剽窃者居高不下,甚至而成名获利。2015 年,印度学者的学术剽窃依然很多,并且有些人继续成名。正如一篇报道所指出的:“十多年之后,关于剽窃的景致并没有太多改变。政府方面已经有些尝试去阻止这些做法。”其背后原因是剽窃并没有被看作是错误的事情。而且剽窃者通常可以逃脱抄袭他人作品,无论是文本、结果还是观念的处罚。这也导致后来印度出现了一些影响甚大的学术不端案件,如 2008 年出现的本地治里大学的卡德拉·克里斯马斯(Chandra Krishnamurthy)的剽窃案件。

不管如何,当我们重新看待拉普吉和他的学生约什的案例时,需要真正意识到这个案例主要是与论文发表过程中的合作署名有关。合作署名在任何学科都是普遍的现象,理工科、社会科学研究尤其如此。合作署名意味着研究成果是多名研究者合作共同完成的,是集体智慧的结晶,因此在发表的时候都要有所体现,并且排名也应该体现出研究者贡献的大小。但在现实生活中,有很多例外情况,比如有的学生署导师的名字,甚至是论文发表后才告知导师。这样的做法极其不妥当,因为作品署名者需要对文字负责,而且署名必须是本人真实意见的表达。我们曾经碰到过这样一个案例:有位学生署着导师的名字和所承担的国家社科基金项目发表了一篇 CSSCI 论文,然而导师完全不知道此事,最后中枪。最后这篇文章被检举揭发出来。导师的职务、导师资格、申请课题资格都受到极大影响,学生也因此受到处罚,结果令人痛心。大多数导师为了帮助学生,在发表文章过程中,也署学生的名字,从而帮助学生获得奖学金以及毕业。这样的做法也有不妥。从根本上说,科研是纯粹的事情,需要实事求是的态度。内心的善良不应该从这些方面表达,而是从根本上教授给学生有效的研究方法、正确的行为规范,这样才能够让他们自己独立开展研究,从而产生真正价值的、属于自己创造的科研成果。

参考文献

[1] 胡冬雪. 印度科研管理如何重建[J]. 世界科学,2015(6): 13—17.

[2] 赵建军. 印度科技政策与科技发展——兼对中印国家创新能力比较[J]. 世界科技研究与发展,2004(10): 89—92.

[3] 董建龙,任洪波.国外加强科研诚信建设的经验与启示[J],中国科学基金,2007(7):223—228.

（杨庆峰）

26. 被 AI 论文欺骗
——拉贝利用计算机生成虚假作者案

2005 年，麻省理工学院的一帮闲得无聊的研究人员发明了一个叫 SCIgen 的计算机程序，这一程序可以在网上自由传播，任何人能用它快速生成一篇格式规范、图文并茂的“论文”，但是内容是词汇和句子的无意义组合。很快，这一事件过去了。

克里尔·拉贝

法国约瑟夫傅立叶大学的计算机科学家有一个叫克里尔·拉贝(Cyril Labb)的好事者，喜欢在网上检测一些已经发表的科研论文，并且他也喜欢用这种方式开玩笑。2010 年，拉贝创造了一个叫作 Ike Antkare 的作者，制造了 101 篇虚假的论文，这些文章通过了测试，并且被“谷歌学术”(Google Scholar)收录。他的花招成功了，并且让 Ike Antkare 还成为了世界上第 21 位被引用次数最高的“科学家”。他在一篇文章中介绍了这个想法。他在那篇文章的导论部分中指出，Ike Antkare 可以实现排名到 21 位的目标，并且告诉读者如何做也可以像 Ike 一样棒。下面的图 1 解释了上述 101 篇文章是如何产生出来的。

但是接下来的事情就严重了。2013 年前后，拉贝在两大出版社——德国司伯林格出版社和电气与电子工程师学会(IEEE)的数

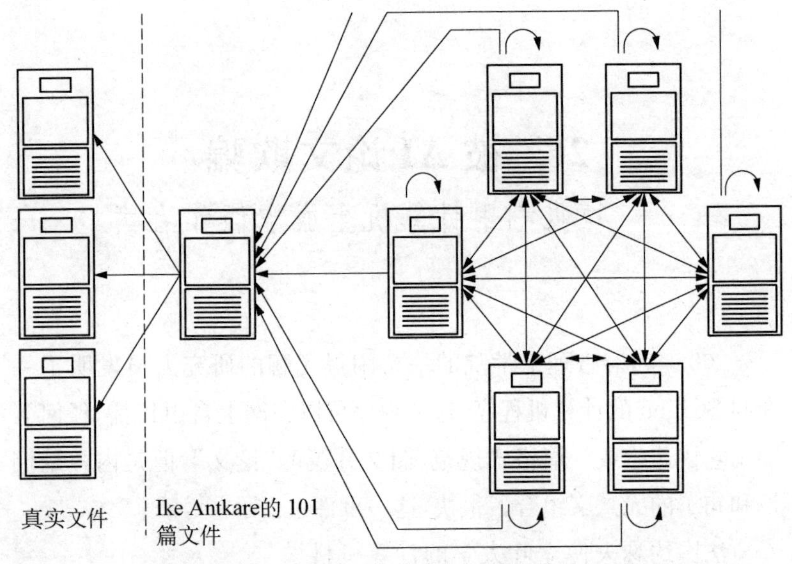

图 1　虚假文件与真实文件之间的关联

据库中发现了一些使用 SCIgen 随机生成的假论文。司伯林格出版社引用了 16 篇，而 IEEE 则有 100 多篇。他发现除了 4 篇，其他 100 多篇都是来自中国大陆，而且大部分是会议论文。最后这些论文均被撤销。

【点评】

美国物理学家索卡尔曾经自己撰写了一篇讨论物理学中的后现代主义方面的文章，然后发表出来，引起了人文学界的轰动。但是后来索卡尔主动承认他所发表的文章完全是拼凑的，没有实质内容，其主要目的是考验一下社会科学界是否理解自然科学。这一行为引起了学术界很大争议。有人谴责索卡尔的行为不道德；也有人注意并且反思自然科学与社会科学之间的鸿沟。拉贝的行为有些类似于索卡尔，他们的行为有些像孩子，有点顽皮。他们本意并非要博得名气，也并非像某些科学家，如韩东杓骗取经费，而是要考验一下科学界。

拉贝用计算机程序虚拟了一位科学家 Ike Antkare，然后借助类似 SCIgen 的计算机程序生成论文，最后这位虚拟的科学家进入到谷歌学术中排名前 30 的行列。拉贝的问题是制造了这个虚拟作者。他的目的是检验自然科学家，随后他告知了相关机构关于事情的真相。他的本意是希望相关机构能够注意到这个问题并能加以防范。可以说，出发点是好的。但是，我们也必须从拉贝事件中注意到好的动机一旦不被理解可能会产生的恶的结果。《虎胆龙威4》(2007 年)中讲述了这样一个故事：美国政府前计算机专家托马斯·加布里埃尔(蒂莫西·奥利芬特饰)在刚上班时指出政府计算机系统存在的漏洞风险，但是被上级主管部门无视，他被受到忽视后用自己的行动——入侵并关闭政府网站——证明他是对的，但是最终却被解雇。因此他怀恨在心，召集一些黑客展开了一个捣毁美国的恶毒计划，然而被卷入其中的黑客小伙法莱尔和老警官麦克莱恩一起阻止了这项计划。整个影片就反映了这个问题，虽然加布里埃尔最初的动机是好的，作为一名工作人员，能提醒上级注意到系统的漏洞，但是因为被无视，心理受到伤害，为证明自己正确而实施了恶毒计划，最后被解雇。在这个过程中，他的心理发生了很大变化。因此，对于拉贝，要防止类似的事情发生。当然，上述出版机构也采取了一些措施，如撤回文章。撤销违法学术规范的文章是他们一贯的做法。

再看 Ike Antkare，这是拉贝带给学术界的新的事物。甚至可以被看作是某种意义上的人工智能，它随机生成了 100 多篇论文并且瞒过了专业编辑的眼睛。目前，人工智能的发展已经引起了人们的反思。人们将反思的目光聚焦在图灵测试上：计算机能否通过人的测试？目前人工智能的发展表明：极有可能。所以拉贝行为的价值让我们进一步思考人工智能在论文写作领域中的问题。所以人工智能给我们带来的将是更大的挑战。

拉贝事件与一般意义上的学术造假、抄袭、剽窃不同，它带给我们是道德哲学中的基本问题：动机论的问题。善的行为是通过动机来衡量还是通过结果来衡量？如何让善良动机被呵护，从而产生善的结果。在这一过程中要防止善良动机、新的想法被忽视、被无视。我们每一个人要学会欣赏他人，而不是无视、嘲笑他人的想法。

参考文献

[1] 林睿.谷歌学术搜索的缺陷——基于检索式、专利及引用功能的抽样分析[J].现代情报，2014(2)：103—106.

[2] 赵春雷.学术不端者的下场[J].世界科学，2009(9)：36—39.

（杨庆峰）

27. 纳米世界的小瑕疵
——丹尼尔学术剽窃案

2010年,加拿大政府加强了关于科研学术不端行为的治理。对于一向宽容的加拿大政府来说,这并不常见。事情的起因源于丹尼尔·克沃克(Daniel Kwok)的学术剽窃行为。

丹尼尔,当时是加拿大卡尔加里大学的工程系教授、纳米界面现象研究的带头人。该校学生对他的评价是“讲课非常清晰”。2009年加拿大国家自然科学与工程研究委员会(NSERC)阻止了丹尼尔的研究,一开始没有人知道为什么,后来被证实是丹尼尔确有学术不端行为。根据新闻报道,他被指控造假和花费15万加元做私人的事情,如买电视、买汽车配件等。他曾经从NSERC那里获得150万加币的项目资助。

丹尼尔·克沃克

2013年的庭审记录了整个事情的经过。2001—2005年,丹尼尔在阿尔伯特大学被聘为讲师,同年开始从NSERC获得研究基金的资助。2004年,他所在系的系主任接到举报说丹尼尔在多篇文字中复制其他学者的作品。阿尔伯特大学开始做调查,2005年确认他违反了学术研究的相关政策。同年,他从阿尔伯特辞职,在卡尔加里大学获得教职,并且继续从 NSERC 那里获得资助。但是学术抄袭以及滥用经费的事情并没有因此而终止。阿尔伯特大学继续调查丹尼尔一些研究装备和物品的资金来源。2006 年,阿尔伯特大学确定他不恰当地使用了研究经费。

2008 年,他们向 NSERC 提供了丹尼尔的学术不端报告及其经费不恰当使用的报告。2009 年,NSERC 正式终止了丹尼尔的研究以及禁止他在今后的时间里申请新的资助。2010 年,加西环球的《全国邮报》杂志发表了莫内鲁和卡玛尼克所写的文章。2013 年,丹尼尔与阿尔伯特大学及 NSERC 之间的官司在加拿大的 Queen's Bench of Albert 法庭公开审理。

【点评】

加拿大学者丹尼尔事件被《自然》网站报道,《自然》网站是国际上最有影响力的科学网站之一。从雅虎等网站上查询,并没有太多的关于丹尼尔的信息。根据《自然》的陈述,丹尼尔是因为学术剽窃行为以及花光了 15 万加元的研究经费而被查出的。

首先是他的剽窃行为。根据阿尔伯特大学的调查,他的多篇论文存在剽窃问题。丹尼尔刚走出校门,就出现了剽窃行为。丹尼尔之所以剽窃源于加拿大学术界残酷的竞争和强大的压力,他希望通过剽窃来迅速发表论文,并且在学术界站稳脚跟。这种行为出现在刚出茅庐的青年学生身上非常容易理解,但是可以理解并不意味着可以宽容。

另外,他的剽窃行为与科研经费相关,这至少表现在两个方面:

(1) 有骗取 NSERC 的科研经费之嫌。根据阿尔伯特大学的调查,他存在学术论文造假行为,而他恰恰是用这些造假论文作为前期研究基础来申请科研经费的。从 2001—2009 年将近 10 年的时间里,他从 NSERC 获得了总额为 150 万加元的科研经费。所以,尽管他没有造假学历，但是依然存在造假行为。所以他有骗取科研经费之嫌。

(2) 滥用科研经费。他使用科研经费购买了私人物品，如电视和汽车配件。这一行为存在滥用科研经费的错误。

所以，通过上面的分析，可以说，在学术论文方面，丹尼尔的行为触犯了阿尔伯特大学的相关管理条例；在科研经费使用上，他滥用经费。针对这两种行为，他受到了相应的惩罚：最终他从阿尔伯特大学离职、NSERC冻结了他的研究经费以及终止了他的研究。

此外，我们还需要通过丹尼尔事件看到更多的与加拿大处理学术不端行为的特征。丹尼尔事件之后，加拿大政府发布报告呼吁国家研究系统要培育诚实和阻止不端行为。加拿大的相关机构——加拿大学术委员会(CCA)、加拿大研究诚信委员会(CCRI)、国家自然科学与工程研究委员会(NSERC)、加拿大健康研究机构(the Canadian Institute of Health research)和社会科学与人文研究委员会(the Social Sciences and Humanities Research Council)等机构共同参与进来，其主要目的是创建一个独立实体机构，主要聚焦关于教育研究者如何具有良好的科学实践，并提供充分的建议。但不包括惩罚或者强化规则。因此，可以说加拿大更注重正面引导，比如为研究者着想，开展什么是良好研究行为的教育，重点突出该怎么做，而不注重惩罚。如NSERC网站上专门有指导的条目来说明什么是学术不端行为，可以看出，他们也正在摸索一套合适的办法。这套重引导、重预防而非惩罚的措施使得我们可以理解为什么丹尼尔没有受到严厉的惩罚(2009年以来他依然在卡尔加里大学任教，并且晋升为教授)。但是也正是因为这种宽松政策，以及缺乏有效的惩罚机制，使得相关不端行为有所抬头。2013年，加拿大滑铁卢大学华裔机械和机电工程系教授李冬青，其文章援引麻省理工和加州大学的科研人员的论文，在诱导电荷电现象方面的研究成果未作任何修改，一些从其他已发表的文章中援引的复制数据也没有提供适当的参考来源。这明显涉及剽窃他人成果，被校方予以停止教职4个月的处分。

参考文献

[1] 牛荷生，李建忠，刘松年，郑红波，黄琴.加拿大大学学生学术道德规范管理的经验和启示——以萨斯卡切温大学为例[J].华中农业大学学报(社会科学版)，2011(2)：118—123.

[2] 黄明东，冯惠敏.加拿大高校学术伦理机制分析[J].武汉大学学报(哲学社会科学版)，2008(6)：893—898.

（杨庆峰）

28. 小玫瑰的“墓地”

——冯·德莱恩博士论文抄袭事件

在德国的政治史上，出现了一个令人关注的现象：政府官员因为博士学位论文抄袭而被迫辞职。2011 年 3 月，时任国防部长卡尔-特奥多尔·楚·古滕贝格因博士论文剽窃，被迫放弃博士头衔并辞职。2013 年 2 月，杜塞尔多夫大学认定时任教育科研部长的安妮特·沙范因 32 年前的博士论文剽窃，被剥夺了博士学位，沙范随后辞职。如今，继古滕贝格之后的具有“小玫瑰”昵称的首位女性国防部长冯·德莱恩(Ursula von der Leyen)因涉嫌博士抄袭引起了世界范围内的广泛关注。

冯·德莱恩，1958 年出生于布鲁塞尔的伊克塞尔区。她先后在哥廷根大学、明斯特大学、伦敦政治经济学院学习 3 年，随后进入汉诺威医学院学医。她于 1987 年开始攻读博士，1991 年获得医药学博士学位。1992—1996 年她丈夫在斯坦福大学担任教职，冯·德莱恩陪读。2005 年，冯·德莱恩进入默克尔政府担任联邦内阁部长。2013 年 12 月 17 日，冯·德莱恩宣誓就任德国国防部长职位，她成为德国首位女性国防部长。她的就职引起了世界范围内的关注。很多媒体甚至猜测：国防部长对于她来说是墓地还是跳板？德国《明镜》周刊甚至预测：“她最终将成为继承王位的公主。”英国《金融时报》宣称：“冯·德莱恩接受国防部长一职是一次冒险，这将是她政治声誉的‘墓地’。”

这些媒体都没有说对。冯·德莱恩很快就碰到了她从政生涯中的真正“墓地”。2015年9月，德国网站 VroniPlag Wiki 披露，冯·德莱恩于1990年发表的医学博士论文涉嫌剽窃，在总计62页的正文里，有27页有问题。其中，3页内容一半以上抄袭他人，抄袭内容超过75%的页数达5页。9月28日，其母校德国汉诺威医学院宣布，该校相关委员会将对剽窃一事展开正式调查。

对于剽窃指责，冯·德莱恩予以否认，她在接受媒体采访时说：“我否认抄袭指认……互联网上一些激进分子试图散播对政治人物论文的质疑，不是什么新鲜事。”并称在当年8月得知有人质疑自己的论文后，便请求汉诺威医学院派专业且中立的调查人员调查此事。

冯·德莱恩曾请求母校展开调查的说法得到了汉诺威医学院的证实。该校28日发表声明说，学校已在获知论文涉嫌剽窃后开展前期调查，结果于9月27日提交校方管理层。管理层28日决定对剽窃一事开展正式调查。声明还指出，这一决定并不说明任何问题，因为学校发起正式调查的“门槛”较低。

冯·德莱恩的论文是否造假还有待进一步调查。但是，10月份，她又陷入简历造假的风波中。德国《星期日世界报》10月11日报道，美国斯坦福大学指认冯·德莱恩在个人履历中乱用这所世界名校的名称，在没有参与学校任何官方项目或取得学历的情况下，在个人履历中写明曾在斯坦福大学学习。对此，冯·德莱恩拿出一张医院助理主任的签名信件，驳斥自己的常驻学者经历根本不是造假；至于旁听经历，冯·德莱恩则说：“根据维基百科德文版的定义，我就是个斯坦福的旁听生啊！”

根据后来中国驻德国大使馆教育处的消息，2016年，冯·德莱恩的事情算是暂告一段落。她抄袭事实成立，因为诸多原因，个人博士学位保留。但是这一事件留给德国人对医学博士的思考则很多。德国大学校长联席会议(HRK)和科学基金会(DFG)对医学论文的学术实践性表示怀疑，韦伯·伍尔夫要求取消冯·德莱恩的

“医科博士”学位。

【点评】

冯·德莱恩的行为值得每一个人反思。在她的行为中，至少存在两个错误的地方：其一是博士学位论文造假，万龙尼维基网站所揭露的抄袭事实是非常精确的；其二是简历造假，她在个人履历中写道自己曾经在斯坦福大学学习过，但是事实上，这段时间只是她丈夫在斯坦福大学任职，而她当时只是全职太太的身份。

冯·德莱恩论文造假并不是个人的事情，而是反映了德国整个医学博士中存在的问题。根据专门从事剽窃调查研究的信息学教授韦伯·伍尔夫的研究，医学博士论文整体水平令人担忧，学术指导肤浅、论文粗糙炮制。由此，我们可以推测冯·德莱恩论文之所以造假，主要是受大环境的影响，随波逐流的成分较大。而其个人履历造假是因为她从政的需要，需要让个人简历变得漂亮一些。

她的态度让人难以接受。面对剽窃指责，冯·德莱恩表现得更像政治家，完全是诡辩。她甚至把这叫做激进分子对于政治人物的攻击；面对履历造假，她辩称自己是“旁听生”，显得异常可笑。

参考文献

[1] 张蓓，德国首任女国防部长乌尔苏拉·冯·德莱恩[J]. 国际研究参考，2014(2)：56—59.

[2] 刘志德，冯·德莱恩：默克尔的接班人？[J]世界知识，2014(3)：44—46.

[3] 冯一平. 德国医科博士学位受质疑[J]. 教育信息，2016(8)：73—74.

（杨庆峰）

29. 谁害死了她的导师？

——小保方晴子学术造假案

2014年8月，日本理化学研究所(Riken)的发育生物学中心(CDB)副主任笹井芳树(Yoshiki Sasai)在位于神户市的该中心内自杀身亡。这起事件引起了日本社会的广泛讨论，也同样引起了中国国内科学界的关注。他的死之所以引起社会广为关注，其主要原因是他被誉为日本离诺贝尔奖最近的科学家。对于他的死因，存在着诸多猜测，但是不管怎样，他的死和一个人是分不开的，这就是他的学生小保方晴子(Haruko Obokata)。

1962年，笹井芳树出生在日本兵库县，1987年毕业于著名的京都大学医学部。1998年他就任京都大学再生医学研究所的教授，成了这个研究所的中心人物。2003年，他又受日本最大的国家级科研机构日本理化学研究所邀请，成为实际上的领导人副中心长。他与2012年获得诺贝尔奖的山中伸弥教授，都是英国著名科学家乔治·卡顿的得意弟子。山中伸弥因为诱导多功能干细胞(iPS Cell (induced Pluripotent Stem Cell))的成果而获奖。受其刺激，笹井芳树也想在这方面取得突破，力争夺奖。他的方法与山中伸弥不同，是创造出用单个细胞来创造出组织的构想，也就是从胚性干细胞(ES细胞)成长为立体的脑或者眼睛等组织。于是，他开始成为新型万能细胞(STAP细胞)的研究者，并招收了刚满30岁的小保方晴子作为他的弟子，想利用她所发现的成果，获得世界瞩目，以便为自己没有获得诺贝尔奖挽回一点面子。

2014 年 1 月,小保方晴子在《自然》杂志发表了两篇关于多能干细胞的论文。两篇文章是关于"刺激触发的多能获得性"(STAP)技术的,在文章中,小保方晴子声称只需运用一种简单的方法,就能够让小鼠的体细胞变成干细胞。这种方法就是给细胞施加一些"压力",比如让它们暴露在弱酸性环境中,或是给细胞膜施加物理压力。论文引起了轰动。然而,文章发表数周后,事情出现转折。美国科学家指出了其中的造假数据,其他科学家也表示不能重复试验结果。很快,该研究所成立调查委员会,由 75 岁材料科学家岸辉雄担任主席。6 月 12 日,岸辉雄委员会发布了 8 条建议,包括促进科研诚信和一份更详细的对于 STAP 论文的调查报告。研究所的一个委员会经过调查之后,发现了学术不端的痕迹。随后,研究所官方人员召开了长达四五个小时的马拉松式新闻发布会,在当年 4 月 1 日正式指控小保方晴子的不端行为,并提议撤销该论文,2014 年 7 月,两篇文章随即被撤销。

岸辉雄的报告认为,CDB 的监管缺位导致此次事件,理应被撤销。报告谴责该中心绕过常规程序雇佣小保方晴子,并"猜测"了一个原因:"CDB 受到取得突破性成果欲望的强烈驱使。"希望该成果可以超越山中伸弥发现的 iPS 细胞。该报告"推测"认为,笹井芳树"在本质上也参与了 STAP 事件",因为他"预期了"STAP 细胞可能给 CDB 带来的"巨大收益"。

该报告对笹井芳树的批评尤其严厉。2014 年 8 月,CDB 开始根据岸辉雄的报告进行改革。日本理化学研究所宣布了一项计划,表示将引入新的学术欺骗预防措施,同时加强监管。随后,CDB 下属的 40 个实验室中的 9 个被转至其他 Riken 中心名下,另外 11 个实验室被合并或关闭。

报告对笹井芳树的压力很大。他需要时间和精力处理这个事件。但是很快他的计划就被打破，媒体死盯上了他与小保方晴子的暧昧关系。8月，不堪多重压力的笹井芳树选择了自杀。12月19日，日本理化学研究所召开记者会，就STAP细胞制备论文造假事件的结果做出最后说明。会上公布了小保方晴子在全程监控的状态下重复自己先前实验的结果，数据显示原论文中“成功制备”的STAP嵌合体胚胎一个都没有制备出来。根据先前规定的期限，实验就此终止。小保方晴子本人没有出现在记者会上，但发布了公开信，并主动提出辞职。

【点评】

30岁的小保方晴子在自己的造假行为被证实之后，主动选择了辞职，并对其行为进行了道歉。但是，对于自己错在哪里的认识却显得表面化。她说自己的错误在于经验不足和学艺不精。她甚至辩称自己并没有造假。她在辞职信中这样写道：“……但是我已经在这段时间拼尽了全力，奋斗到了灵魂的边缘。对于出现这样的结果感到困惑。由于自己的不成熟而给理化学研究所的各位同仁带来了如此巨大的麻烦，对此沉痛到连道歉的话都说不出口。……”“不成熟”成为她为自身行为辩解的关键。但是“不成熟”又怎么能够成为一切行为的借口呢？

事实上，小保方晴子的造假行为背后有着深刻的社会根源和个人根源。首先与周围的环境有关，2012年，东京大学教授山中伸弥因制作出诱导多能干细胞(iPS)而在2012年获得诺贝尔生理学或医学奖。这无疑对同一领域的她与她的导师团队形成极大压力，在这种压力下，她也希望能够有所突破，再次获奖，为导师和自身挣得颜面。其次是个人根源，她也希望自己能够脱颖而出，为了做到这一点，她极力塑造出不同于传统的科学家的面貌，她的衣服据说是祖母给她的一件白色Kappogi传统烹饪围裙，而非实验室白大褂；

她的实验室墙壁被刷成粉色和黄色。这一切都说明了她一直在追求着某种不同。出于何种因素作用这很难分析得清楚。但是她造假的后果却是清楚的,这对于日本学界来说几乎是灾难性的。直接后果是让自己失去了工作,间接后果是导致发生与再生科学综合研究中心关闭、研究机构经费大幅度消减、他的导师笹井芳树也选择了自杀,更为严重的是"熄灭了青年科学家创新的欲望"。可惜的是,小保方晴子却没有更多地认识到这点。谁导致了她的导师之死?这个问题她并没有问自己,她更多的是感到困惑、不解。这件事情基本上尘埃落定。但是,每一位研究生却依然需要思索:有时候,造假的后果远非个人所能承担的,甚至殃及他人。

参考文献

[1] 祝叶华."小保方晴子STAP涉嫌造假"引轰动[N].科技导报,2014,32(11):9.

[2] 蔡立英.笹井芳树遗书指责媒体暴力[J].世界科学,2014(10):62—63.

(杨庆峰)

30. 面临牢狱之灾的科学家

——韩东杓学术造假、骗取经费案

据《自然》网站 2015 年 7 月 1 日报道称，一名旅美韩国人、爱荷华州立大学前助理生物医学教授韩东杓(Dong-Pyou Han)通过将人类 IgG(免疫球蛋白)注入兔血液样本中，使得他的兔子似乎获得免疫能力的假象，因伪造实验数据，学术生涯尽毁，锒铛入狱，被联邦法院判刑 57 个月，3 年监外监视，罚款 720 万美元。在国内外，很

实验造假行为可耻

少有科学家因为研究不端行为被指控进入监狱。韩东杓受到如此严厉的惩罚的原因值得我们进一步思考。

2008 年,韩东杓在俄亥俄州克利夫兰市凯斯西保留地大学参与教授迈克尔·赵领导的艾滋病疫苗研究项目。研究小组得出一个结论:兔子体内产生艾滋病病毒抗体。2009 年,这支团队应聘到艾奥瓦州立大学继续这项研究,而且获得美国卫生与公众服务部下属机构国家卫生研究院的资金资助。2013 年初,哈佛大学研究人员验证韩东杓所在团队实验结果时发现异样。迈克尔·赵随即报告了这一问题,艾奥瓦州立大学和美国政府开始调查。在调查过程中,韩东杓写给艾奥瓦州立大学一封悔过书,他承认了自己在以前的研究中造假,但是解释说之所以造假的原因是“不想让导师迈克尔·赵感到失望”。

针对韩的行为,负责监管涉及美国国立卫生研究院(NIH)基金的涉嫌不端行为进行调查的美国科研诚信办公室(ORI)禁止韩东杓 3 年内接受联邦拨款——这是它一般强加给初级研究者的最高惩罚。但是,这件事情并没有因此而结束。美国政府参议员、爱荷华州共和党人查尔斯·格拉斯利注意到这件事情,他长时间调查生物医学科学研究中的不端行为。2014 年 2 月,他给科研诚信办公室写信说明要继续追查下去。“对于那些故意篡改研究试验和直接造成数以百万计的纳税人美元浪费在欺诈性的研究上的医生来说,这似乎是很轻的刑罚。”

随后,这件事情引起了媒体的大量关注。2014 年 6 月,经大面积的媒体轰炸以及格拉斯利做出反应之后,联邦审判长维持了原判。这位科学家被逮捕,他在大审判之前被带走。2015 年 2 月,他开始认罪。

对于韩东杓受到的惩罚,在格拉斯利看起来,是非常认可的。他在 7 月 1 日告诉议会:“如果缺乏政策呼吁,我担心其他案子未被关注或者未加强调。”他坚持涉嫌过错的人必须受到严惩。

【点评】

一般情况下，我们将造假行为看作是道德现象，而道德行为与法律行为无关，更谈不上受到法律的惩罚了。所以我们看到在很多情况下，科学家因为造假更多地是受到道德谴责。韩东杓的造假案是一个典型：他因为造假被判入狱，这是学术造假史上首例受到严惩的案例。这让我们有两点启发：

其一，学术造假行为在某些情况下会从道德行为演变成法律行为。

在一般观念中，学术研究被看作是科学家个人的事情。人文学者、社会科学学者通过阅读文献，思考理论问题和现实问题；理工科学者在实验室进行科学研究，这在传统社会中就存在，那个时候科学研究不需要任何的经费支持，科学研究是个人的事情，只是科学家个人行为。但是在现代社会，一切都发生了变化。无论是人文社会科学还是理工科研究，都得到了大量的政府资金的支持，这些经费来自国家、政府或者企业。所以科研成为公共事务。如此，科学家的学术行为就成为一个公共行为。在这种情况下，涉及其他行为人的权利、经费，就自然而然涉及法律问题。韩东杓的造假行为之所以演变成法律行为，就是与他通过造假从而骗取 NIH 的经费支持有关；与受到一位美国议员的最持久的关注有关。对于中国来说，在处理科研经费的问题上，法律、法规正在完善，对这类行为的处罚也有报道。

其二，针对这类特殊行为，所受到的处罚往往是毁灭性的。

一旦涉及骗取经费、滥用经费，后果自然就很严重，会受到相关法律的制裁，甚至行为人因此而锒铛入狱。韩的行为涉及骗取国家经费，对其的判刑提出了在美国如何处理嫌疑研究过错的问题，是否通过审判来决定适用何种基金决策机构所加的惩罚类型。所以，对于韩东杓来说，他受到的惩罚是相当严厉的：3 年内停止申请 NIH 经费、巨额罚款、被判入狱等。这相当于一个人被判了学术研究上的死刑。

所以，每一位研究生要培养起这样一种意识：在现代社会中，学术研究是公共行为，其研究行为得到了社会的制度、经费等各方面的支持；其研究成果受到知识产权法律的保护，会进入知识流通领域中，甚至会产生一定的社会影响，尤其是应用类、对策类研究，极其强调其社会价值和社会影响。所以，在研究过程中，不仅要遵守学术研究的基本的、必要的规范，还要遵守相关的法律规范。否则，就不知道自己会碰触何种高压线。

参考文献

[1] 李晓燕. 美国高校治理学术不端行为制度研究[J]. 陕西师范大学学报(哲学社会科学版)，2014(4)：119—127.

[2] 昌增益，王志珍. 美国学术不端行为监管体系的建设及其对中国的启示[J]. 科技导报，2015，33(15)：12—13.

[3] US uaccine researcher sentenced to prison for frand [OL]，http://www. nature. com/news/us-vaccine-researcher-sentenced-to-prison-for-fraud-1. 17660.

（杨庆峰）

31. 造假的代价
——黄禹锡事件及其反思

2016年,距离黄禹锡事件已经过去十多年,除了个别学者的文章在科研诚信发展过程中提及此人,很多人都已经淡忘了这个人。但是2005年前后,黄禹锡引发了全世界的关注和讨论。对于他的造假行为的认识、揭露以及处理,以及这个人命运如何都成为科学史上一个无法绕行的话题。所以,非常有必要回到这件事情本身。

先看黄禹锡其人。黄禹锡,1952年生,韩国著名生物科学家,出生于忠清南道扶余郡,是个农民家庭的孩子,5岁丧父。他刻苦好学,后来任职于首尔大学兽医学院首席教授。他主要从事干细胞的研究。在事发之前,他的科研生涯可谓发展得顺风顺水,并成为"克隆先锋"。他的主要科研成果是:1995年研制出超级乳牛、1999年培育出全球首只克隆牛、2004年培育出首只克隆狗"斯纳皮"。

再看抄袭事件的经过。2004年和2005年,他所在的研究团队先后在《科学》杂志上发表论文,宣布成功利用11名不同疾病患者身上的体细胞克隆出早期胚胎,并从中提取了11个干细胞。但是2005年12月6日,围绕黄禹锡在《科学》杂志上发表的论文的照片产生争议,争论的核心是照片中的胚胎干细胞有相同或相似之处。12月10日,美国匹兹堡大学医学院的一名韩国籍教授披露,研究员夏腾按照黄禹锡教授的指示,将2张干细胞照片复制成11张。面对这种指控,12月11日,黄禹锡主动提出对其论文的真伪进行验证的要求。12 月 13 日,美国匹兹堡大学称,夏腾要求在论文的共同作者中删除他的名字,并劝黄禹锡等作者撤回论文。12 月 15 日,黄禹锡承认干细胞研究成果系伪造,2005 年在《科学》发表的论文中的干细胞其实不存在。12 月 16 日,黄禹锡请求《科学》撤销论文,随即提出辞去首尔大学教授之职,并就造假事件向外界道歉。但是这件事情继续在发酵。韩国文化广播公司新闻节目《PD 手册》报道黄禹锡在研究过程中"取用研究员的卵子"的丑闻。

面对上述指控,首尔大学成立调查委员会进行调查。调查持续了 3 年多时间。2009 年,调查有了基本的结论。负责调查黄禹锡造假事件的首尔国立大学调查委员会卢贞惠处长在记者会上宣布了调查结果:这不是一起单纯的失误,而是蓄意造假的重大事件。经调查核实,在黄禹锡教授论文所指的 11 个克隆胚胎干细胞系中,有 9 个是伪造。2009 年 10 月 26 日,韩国法院裁定,黄禹锡侵吞政府研究经费、非法买卖卵子罪成立,被判 2 年徒刑,缓刑 3 年。这件事情也得到了首尔大学调查委员会的认可。首尔大学调查委员会称,两名黄禹锡科研组的成员曾在 2009 年 11 月访美期间交给指责黄禹锡研究中有造假行为的金善钟 3 万美元。而后者则一度在这两人的陪同下收回了自己曾经对黄禹锡的造假指控。首尔国立大学公布报告确认研究组的两名女研究人员提供了卵子,研究组向卵子提供者支付了 150 万韩元。

后续发展。2009—2011 年,黄禹锡成为韩国的耻辱,成为世界学术界分析的反面案例。

【点评】

黄禹锡事件影响力很大,不同国家的学者都将其作为学术行为研究反思的起点,用于反思本国科研道德、学术诚信方面的问题,甚至可以将其看作是科学发展史的分水岭。2014 年,韩国上映了以黄禹锡事件为主题的电影《举报人》,说明了韩国人对于此事难以释怀。这部电影旨在再现这段历史,影片重点突出的不是造假者内心的过程,而是媒体人与团队成员共同促使谎言被揭穿的复杂过程。媒体人的职业要求——追求真相与研究者的道德良知——追求真理共同使得两人揭开造假真相,在揭开真相的过程中,遭遇到很多压力和复杂情况,但最终善战胜了恶。

的确,我们面对这一事件,首先应该意识到黄禹锡本人所出现的错误,这是每一位看到此案例的人都要意识到的。如果仅仅从2005—2009年这5年时间看黄禹锡,一个很明显的道德事件向我们展示出来:黄禹锡至少在3个方面出现了问题,即论文数据造假(11个干细胞,9个系伪造)、违反科研伦理(花费150万韩元向研究组的女性研究人员购买卵子)、滥用经费(金善钟收取3万美元收回造假指控、花费150万韩元购买卵子)。这些问题之所以产生的根源就在于学术研究的真理心被名利心完全遮蔽,正如黄禹锡本人所指出的:“我们当时为工作而疯狂,看不见其他任何一样东西。我眼中只有韩国高居世界第一的希望。”可以说,这种心态最终导致了这样一个恶果。在事情暴露之后,他也受到了相应的惩处:论文被撤稿、从首尔大学辞职、被判处2年有期徒刑、最高科学家头衔被取消。

当然,黄禹锡事件的启发不仅在于抄袭事件本身,还在于需要我们关注的地方。我们之所以说这一事件是科学发展史的分水岭,是因为他让很多国家开始注意到学术研究制度、机制等方面的完善。2009年之后,中国、美国、德国等国家开始完善相应制度、建立相应的机构来应对学术不端行为,以纯化学术研究氛围。

有时候,学术不端行为不仅仅是一个纯粹的道德事件,而是社会事件。正如《举报人》所展现的:揭开学术造假行为的过程是艰难的,并非一帆风顺。如果借助行动者网络理论(ANT)来分析黄禹锡事件的过程,就可以清楚地看到这一点。ANT理论由法国社会学家拉图尔提出，旨在分析科学知识的社会构成，行动者是指包括人与非人因素对于事件本身的影响。在黄禹锡学术不端这一事件中，属人行动者如黄禹锡本人、合伙人、揭发者、记者、公众等；非人因素如数据、实验材料、实验室、媒体、电影等因素。这些因素的共同作用导致了黄禹锡事件的形成。从黄禹锡本人来说，其本人存在提议验证、承认造假、提出辞职等行为；从合伙人角度看，存在接受贿赂、撤销指控等行为；从其所在学校来说，存在开始调查、公布结果和处理当事人等行为；从期刊角度来看，存在开始调查、公布结果、撤销文章等行为；从媒体角度来看，存在新闻跟踪、深度挖掘等行为。整个事件是在上述因素的共同作用下逐渐发酵而成。所以，当我们站在道德角度来分析这一行为的时候，根本没有意识到事件自身的复杂性质。

所以，黄禹锡事件有很多值得继续思考的地方，它留给我们的不只是一个单独的造假事件。

参考文献

[1] Saunders R, Savulescu J (2008) Research ethics and lessons from Hwanggate: what can we learn from the Korean cloning fraud? [J] Journal of Medical Ethics 34: 214 - 221.

[2] 黄小茹. 社会情境中的干细胞伦理争议与处理——以“黄禹锡事件”为例[J]. 中国软科学，2014(2)：70—76.

[3] 李怀祖，郭菊娥，王磊. 韩国黄禹锡事件处理对我国学风建设的启示[J]. 西安交通大学学报(社会科学版)，2012(2)：82—83.

（杨庆峰）

医科篇

“生命短暂，医术长青，机遇难逢，经验常谬，确诊实难。”这是西方医学之父希波克拉底在其名著《希波克拉底箴言》中的第一句话，高度概括说明了医学的神圣性和医疗活动的艰巨性与复杂性。

在人们的心目中，医学是崇高的事业，医生是纯洁的天使。作为大众性科学期刊而闻名的英国《新科学家》杂志曾在 1998 年 4 月刊登了一篇编者的调查报告，其内容是“医生、教授、媒体记者、政治家等行业的人们在一般公众心目中赢得信任的程度”。结果表明，有 78%的人对记者持不信任态度，对政治家的不信任比率高达 80%。相比之下，医生和大学教授则明显为人们所信赖，对医生表示信任者的比率高达 80%，大学教授也赢得了受访者中 70%的信任。由此可见，一般公众对科学，特别是对医学的信任程度是相当高的。

长期以来，人们相信科学是诚实的事业，科学家是诚实的人。科学是一个有效的、民主的，并能自我纠错的系统，科学的诚实受到制度方面的制约，科学活动所受到的严格管制是任何其他活动无法比拟的，因为以同行评议为核心的科学评价体系可以杜绝偶然出现的科学研究中的剽窃、篡改和捏造之类的科研不端行为。然而，自 20 世纪八九十年代以来，在世界各国科学界接二连三揭露出来的种种科研不端行为的事实，大大动摇了人们的这种信念。

美国研究诚信办公室顾问、密歇根大学科学史学家斯坦尼克曾做过一项时间跨度达20年的有关科研不端行为的研究。2000年，他在发布的总结报告中指出，在科学研究中存在着比例相当的“严重不端行为”，“其程度达10％或更高”。至于像修改数据或选择性地使用研究结果、论文署名不实等问题几乎普遍存在。尤其在生物医学和临床医学研究中，这种情况的“发生率高得惊人”。

据一项2006年对英国305名新任职的会诊医师进行的调查结果显示，约有64％的医师参加了应答，应答者中有56％曾看到过科研不端行为，承认自己有过科研不端行为的占5.7％，在未来可能发生或无法确定是否发生科研不端行为的占18％。

2012年10月1日，在美国《国家科学院学报》网络版上有一篇研究报告指出，过去30年来，生物医学领域的论文撤稿事件急剧增加，其中2/3以上是由科研不端行为造成的。与1975年相比，在所有已发表的论文中，学术造假或涉嫌造假而被撤的论文所占比例已增加了10倍。研究人员分析了截至2012年5月的2 047篇被撤稿的生物医学领域论文，结果显示，可归因于学术不端行为的撤稿达到67.4％。生物医学领域的科研不端行为真是触目惊心！

种种科研不端行为产生的大量“学术泡沫”和“学术垃圾”，严重玷污了医学领域原本的神圣光洁，严重影响了医学研究的健康发展。在高影响因子杂志中发表论文固然能给科学家带来很多好处，但是一旦这些论文存在科研不端行为，后果往往极其严重。比如2004年诺贝尔医学或生理学奖获得者琳达·巴克2001年发表在《自然》杂志上的一篇论文，在9年后被一些同行反映其实验结果不能被重复，在多方压力之下，她不得不撤稿。这篇论文发表后，在学术界产生了重要影响，它已被世界各地的研究人员引用达138次之多，这次撤稿带来的恶劣影响是难以估计的。科研不端行为不仅影响科研人员个人的学术声誉，也会殃及相关的实验室和研究领域，影响到整个国家的科技发展水平，并且有损科学形象，败坏社会风气。

医学是为人类生命和健康服务的科学，医学基础研究能够为疾病的临床诊治提供牢固的理论基础，医学科研成果终将应用于人类，一旦医学科研诚信出了问题，就会歪曲人们对疾病和健康的认知；置病人于错误甚至有害的临床治疗中，将直接或间接地严重危害公众的生命和健康，乃至威胁到整个社会的发展。

科研不端行为的发生不是偶然的，除了与科研人员自身的因素有关外，制度措施不健全、法律法规不完善，以及急功近利、浮躁的不良科研环境也是重要原因。医学领域科研不端行为的频繁发生也与医学研究的本身特点有关。医学研究的对象是人，而人是自然界最高级的生命形式，人的生命活动是一个极其复杂、充满奥秘的过程。此外，影响人类健康的因素也是多种多样的。现代医学研究的重要方法是实验，通过各种实验来解释生命现象，阐明生命机制。而医学对象本身的复杂性，使许多现象在现有的理论框架和技术条件下难以得到令人满意的解释。实验本身可能存在很多不可控的未知因素，许多实验重复同样的操作往往也难以得出相同的结果。例如，在遗传学研究中，由于遗传异质性和外显率等因素的影响，表现相同的病人用同样的实验条件却可能得出完全不同的结果。为了得到理想的实验结果，研究人员可以方便地删除个别偏差大的数据，拼凑、篡改、捏造数据，或是对图像结果进行技术上的处理。当屡次实验仍未成功时，这种实验结果的易造假性会诱使有的研究人员做出违背科研诚信的行为。而造假以后，由于医学研究的复杂性，其实验复制率差可能会被归结于实验条件不同、未知因素影响等原因，论文的审稿人及杂志编辑有时难以甄别论文的真实性。如果同行不深究实验设计，则很难发现实验数据存在造假。这就给医学科研不端行为带来了相当的隐蔽性和可乘之机。

弘扬科学实验中的一丝不苟、精益求精的精神

医学关乎人的生命和健康，医学研究推动医学的发展和进步。不负责任的研究行为会对医学研究蒙上可怕的阴影，产生不利的影响，从而导致对生命的伤害。如何根治不端行为，促进科研诚信，已成为全社会关注的热点。

正如"上医治未病"一样，在科研诚信问题上，积极的做法是不要等到事情发生了再去调查处理，而是要通过宣传教育，从源头上预防科研不端行为的发生。作为科研工作者，必须加强科研道德自律，坚守科研道德诚信，以严谨求实的科学态度和科学精神对待科学研究。特别是医学研究生，作为今天的习医者，未来的从医者，更要在功利浮躁的社会环境中淡泊名利，拥有"十年磨一剑"的雄心抱负和"板凳须坐十年冷"的沉稳心态。在医学研究中善于剥茧抽丝，勇于克服困难，努力寻求科学真谛。在项目申请、项目实施、成果形成、成果评价和成果发表的各个阶段，杜绝捏造、篡改和剽窃等种种科研不端行为，脚踏实地做科研，做科研诚信的表率。

杜绝科研不端行为，自律和他律要相结合。许多国家依照科研不端行为的情节轻重采取相应的处理措施，如给予警告、终止并收回资助，取消获得科研资助或担任评审专家的资格。而对于严重不端行为引起的法律后果，有关部门则根据相应的法律进行法律制裁。当前，我们要加强学术评价和监督管理体系建设，完善相应的法律法规，加大科研不端行为的成本与代价，杜绝科研不端行为的发生。建立科研诚信体系，制定相关政策法规，做好监督引导工作，为科学研究营造一个诚信、和谐的社会大环境。在医学研究领域，科研工作者要充分认识到医学的学科特点与特殊地位，恪守伦理道德原则，树立“人命至贵，贵于千金”的思想，时刻保持尊重生命、敬畏生命的科研态度，为医学事业的发展做出自己的卓越贡献。

（刘学礼）

32. 最大胆的剽窃者

——阿尔萨布迪直接剽窃案

剽窃或抄袭是科学研究中出现频率较高的一种不端行为，其中直接剽窃就是照搬照抄他人发表过的论文，或对他人某篇已发表的论文稍加修改，或将数篇已发表的论文稍加综合后得到的论文作为自己成果发表的行为。在当代生物医学领域中，美国的阿尔萨布迪(Elias A. K. Alsabti)可算是最大胆的直接剽窃的典型。

阿尔萨布迪1954年出生于伊拉克的港口城市——巴士拉，曾经去过约旦，然后落户美国，从事癌症病理研究。从1978年到1980年的3年时间里，他先后在费城、休斯顿、波士顿等地的几家顶级医学院任职。

阿尔萨布迪不过26岁就已经在美国、英国、瑞士、日本等地数十家专业杂志上发表科学论文60篇，几乎每个月都有他的大作问世，难怪有人说他“简直就是一家生产论文的工厂”。单是日本的《肿瘤研究》杂志，在同一卷中，就发表了他署名不同单位的3篇文章。但是，谁能想到，阿尔萨布迪这些文章中的绝大部分或许全部都是赤裸裸的剽窃之作。

阿尔萨布迪剽窃论文的方法很简单，也很大胆。他明目张胆地逐字逐句把别人发表过的论文用打字机重新打一遍，改换标题，把原作者的名字换成自己的名字，然后就把这稿子当成是自己的成果，寄到一家不怎么出名的杂志发表。例如，他曾把一篇他人发表在日本某杂志上的论文重打一遍后，署上自己的名字，一字不改地寄往瑞士《肿瘤学》杂志发表。他的这个直接剽窃手法瞒过了世界各地几十家科学杂志的编辑。一旦他的剽窃行为被人发觉，他就悄然离开，另谋一地，故伎重演。他的剽窃“胆量”，委实令人“佩服”。

1975 年，《欧洲癌症杂志》给美国安德森医院的一位研究人员寄去了一篇论文，请他审阅。不幸的是，这位研究人员已在几个月前病故了。这篇稿件就一直在邮箱里静静地躺着，直到有一天被阿尔萨布迪从单位里的邮箱中偷走。他如获至宝，将论文稍作润色，改头换面，在作者栏赫然署上了自己的大名，另外还虚构了两位子虚乌有的合作者，然后把论文寄给了日本一家不知名的杂志社。被阿尔萨布迪剽窃的那篇论文原文还没来得及付印，阿尔萨布迪的剽窃文章竟然已发表了。

除了直接剽窃，阿尔萨布迪还有其他的行骗“高招”。他伪造了学历，骗得约旦政府数万美元的经费资助。他谎称与王室有血缘关系，还给自己戴上了一顶医学博士的桂冠。他混迹在美国几个有声望的科研机构进行所谓研究期间，一路招摇撞骗，剽窃大量论文，粉饰自己的经历和成果，从而骗得政府的大量经费资助。此外，他用谎言和花招骗过了两个中东国家的政府、11 个学会的评审委员会和美国 6 个高等教育机构的行政官员。

事实上，阿尔萨布迪的剽窃行为留下了不少蛛丝马迹。比如，他的几位所谓“合作者”，竟然从来没有单独发表过论文！此外，阿尔萨布迪的通讯地址也经常变幻不定，一会儿是伊拉克的某个实验室，一会儿又是约旦皇家科学学会，有时甚至用的是在美国的家庭住址。遗憾的是，没有哪一家杂志的编辑有精力去考虑这些问题。人们的怀疑和揭发迫使阿尔萨布迪从一个研究机构转战到另一个研究机构，这种情况一直延续到 1980 年的春夏之季，他的那些大胆的剽窃行为最终暴露无遗。阿尔萨布迪也随即被解聘。

阿尔萨布迪将剽窃来的论文大多投给那些不引人注目的专业杂志，他的文章没有一篇被其他科学家引用过，在科学界几乎默默无闻。因此，这类剽窃事件很难得到追查，而且虽然许多证据确凿的剽窃文章后来都被撤销了，但在大型科学检索计算机档案中，有几十篇论文至今仍然冠以阿尔萨布迪的名字。

学术不端行为者最终一场空

【点评】

在种种学术不端行为中，剽窃或抄袭是最常见的丑恶行径。无须付出辛勤劳动，就能轻而易举地把别人的成果占为己有，以此骗取名利。所谓剽窃或抄袭，一般是指科研成果的基本内容不是来源于自己的研究，而是直接、公开地使用别人的观察结果、实验记录与实验数据、原始性思想与语言等，而不予承认的行为。它是科学研究领域出现频率较高的一种不端行为。

科学剽窃是最恶劣的学术不端行为之一，因为它意味着“撒谎”与“偷窃”。虽然科学界存在自我纠错机制，包括科学的认知结构、科研成果的可检验性和同行评议等，但这些机制偏重科研过程，而忽略了科学家也是人。

科学剽窃现象的产生有其主客观的根源。现代以来，科学建制化和职业化过程伴随着经济利益、名誉地位、政治因素对科学活动的影响和渗透，科学活动中的道德问题日渐突出。科学界的竞争愈来愈烈，一篇篇论文的背后，关联着名誉、地位、级别、职称等切身利益，这些都考验着今天的科学家，随时引诱他们一不小心就会做些舞弊行为。剽窃者大多都是律己不严、爱图虚名、投机取巧、争名夺利的人，而现在的科技体制、法律规范、制度措施还不够健全，为企图投机的人提供了众多的机会。阿尔萨布迪就是这样一个投机者。

阿尔萨布迪来自伊拉克巴士拉的一个小城，所接受的不过是当时伊拉克的社会化医学教育，可就是这样一个连给小白鼠打针手都会发抖的人，却在美国顺利地拿到了医学博士学位，并成为 11 个科学学会的会员，同时还先后在多家最有声望的实验室工作过，在短短几年的时间里就接二连三地发表了 60 篇论文。他是如何做到这一切的呢？最简单的方法就是把他人发表的文章拿过来，署上自己的名字，再投给其他的杂志。这是一种彻头彻尾的直接剽窃。

剽窃是对知识产权最严重的侵犯。美国学者布罗德和韦德指出：“剽窃，这种全盘盗窃他人工作的罪行是如此之无耻和露骨，以致局外人可能会认为，科学家是不会干这种勾当的。但事实证明恰恰相反，科学界的剽窃行为绝非少有，有的常常逃脱了侦查，即使是很明显的案子，暴露出来也需要一定的时间。就是那些已被发现犯有剽窃罪的人，也常常还能不受影响地照样工作。如果剽窃这种对知识产权最严重的触犯所受到的只是科学界人士的那种类似敲打小孩手指关节的惩罚，那么对其他较轻的罪行又会宽容到什么地步呢？"

透过阿尔萨布迪一案，我们可以清楚地看到，当代科学是如何因个别科学家的道德沉沦而形象受损的。应该说，绝大多数科学家无疑把追求真理和创新知识作为己任，以满腔的求知热情、强烈的好奇心和对人类利益的无私关怀作为科学活动的动机，但不可否认，也有一部分人却把科学研究视为牟取权利、金钱和地位的敲门砖。在科学界，取得名誉的资本主要就是在专业杂志上发表学术文章。你发表的论文越多，越重要，你就越能得到经费资助，越能提高自己的学术地位。可是，大多数人包括同行，根本没有时间去细致地阅读你在个人简历上列出来的所有文章。因此，文章的数量往往比它们的质量更加重要。在阿尔萨布迪看来，"通过编出一长串著作目录来不断追求名利，因为学术论文是发迹的本钱。"

在当今世界上，单单医学杂志就不下 8 000 种，很多杂志一年要收到几千份作者来稿，编辑根本不可能鉴别所有的文章。发表过阿尔萨布迪论文的杂志有好几十家，可大部分没什么名气。阿尔萨布迪就是找到无名小杂志上的默默无闻的文章，改头换面，再投到更加无名的小杂志上，论文的发表在学术界内几乎没有产生任何反响。在阿尔萨布迪的真面目尚未暴露出来之前，他的文章没有一篇被他人引用过，论文被盗的那些作者也根本没有机会看到阿尔萨布迪的剽窃作品，阿尔萨布迪也就太平无事、高枕无忧了。阿尔萨布迪剽窃的这些论文对科学的发展都是无足轻重的，但却足够阿尔萨布迪写出一份引人注目的简历。

过分强调发表论著，造成了今天低质量的杂志和论文泛滥成灾。杂志多的另一个原因是科学家队伍惊人地膨胀。据估计，目前在世的科学家占自古以来所有科学家的 90%。不过，杂志泛滥的另一个相当重要的原因，还是在于出版性质有了变化，即过分强调数量而不注重质量。现在的许多科学家和他们发表的许多作品，充其量只能算是一般水平。许多论文根本就毫无价值，而且无用的论文阻碍了学术交流，高水平的研究得不到应有的重视，而低劣的研究却能免于检查。这种论文质量低劣的现象影响了整个科学活动，从阿尔萨布迪的案例可见一斑。

参考文献

[1] 威廉·布罗德，尼古拉斯·韦德著. 朱进宁，方玉珍译. 背叛真理的人们：科学殿堂中的弄虚作假[M]. 上海：上海科技教育出版社，2004.

（刘学礼）

33. 使整个耶鲁蒙羞的事件

——索曼和费立格间接剽窃案

1978 年 11 月，美国耶鲁大学医学院医学系副主任费立格(Philip Felig)收到了世界顶尖的医学刊物——《新英格兰医学杂志》的一份邀请函，请求这位著名内分泌学家审阅一篇投递来的稿件，该论文的作者是美国国立卫生研究院罗思实验室年方 29 岁的女研究人员罗巴德(H. Wachslicht-Robard)，论文的题目是"神经性厌食症中的胰岛素受体异常：与肥胖症相反的现象"。作为罗巴德的顶头上司、著名糖尿病家罗思(Jesse Roth)也在论文上署了名。费立格在阅读了罗巴德的论文稿之后，不顾杂志社的有关规定，将其转给了他的助手索曼。

37 岁的索曼(Vijay R. Soman)是一位来自印度的研究人员，1971 年他来到美国，5 年后终于得到耶鲁大学医学院的正式聘用，有幸在著名的费立格实验室工作。在同事们眼中，他"能干、正直、诚实"。来到耶鲁短短的几年内，索曼已经和他人合作发表了 14 篇论文，并从国立卫生研究院获得了近 10 万美元的科研经费资助，颇得费立格的赏识。巧合的是，在索曼主持的科研项目中，有一项与罗巴德的研究课题是相同的，也是关于胰岛素对神经性厌食症患者作用的研究。但在最初的两年内，索曼的研究工作几乎停滞不前。此时，他手拿着罗巴德的论文如获至宝，而且论文的内容表明，罗巴德的研究已遥遥领先，这也使索曼竞争的压力油然而生。他私下将罗巴德的送审论文复印了一份，并对罗巴德的论文做出了负面评论。在阅读了罗巴德的稿件后，索曼开始忙于为自己的研究收集数据了，他最终只是将罗巴德的论文改头换面，便变成了他自己的论文。与此同时，费立格将罗巴德的稿件退回《新英格兰医学杂志》编辑部，并签署了建议不予采用的意见。于是，杂志编辑便将稿件退还罗巴德，表示此文暂不能发表。罗巴德对此深感失望，却也无可奈何。她哪里知道，导致她的论文“暂不能发表”的负面意见，是来自耶鲁大学医学院的两位同行与竞争对手的索曼和费立格。

1978 年 12 月底，也就是费立格和索曼审阅罗巴德稿件的 1 个月后，由费立格任编委的《美国医学杂志》收到了一篇寄自耶鲁大学医学院的稿件，题为“胰岛素与单细胞的结合及胰岛素在神经性厌食中的敏感性”。该文的第一作者正是索曼，他的导师费立格作为“合作者”也名列其中。当然，即便是署着费立格鼎鼎大名的论文也必须要送出去请专家审阅。《美国医学杂志》编辑部收到该稿件后，按规定寄请相关专家评审。鬼使神差的是，其中审稿人之一正是国立卫生研究院罗巴德的上司罗思，罗思随即又将稿件转请熟悉此项研究的他的助手罗巴德评阅。

翻阅着索曼的送审论文，罗巴德不由心头一紧，她惊讶地发现，该文中的许多内容几乎与她之前投给《新英格兰医学杂志》的论文如出一辙，其中甚至包括她所设计的计算每个细胞胰岛素受体数目的公式等研究成果。这是一例再明显不过的学术剽窃事件，而她的论文不曾发表过。据此，罗巴德准确推断，索曼的论文合作者费立格就是不公正评审了她的论文，并竭力阻止了她的论文发表的那个权威。她立即向《新英格兰医学杂志》写信，揭发费立格和索曼卑鄙的剽窃行径，同时寄去了索曼的送审论文的复印件。《新英格兰医学杂志》资深编辑雷尔曼一看就明白了事件的性质。他怀着惊奇和失望的心情，拨通了费立格的电话，告诉他罗巴德的指控，以及索曼和他合作的论文中的剽窃事实。

当《新英格兰医学杂志》编辑部找费立格调查时，费立格却谎称他和索曼在收到编辑部寄来的罗巴德论文之前，就已经完成了该内容的研究工作。俗话说“做贼心虚”，费立格虽然搪塞了编辑部，但毕竟心神不安，他立即与罗巴德的上司罗思取得联系，企图将事情草草地掩饰过去。罗思和费立格是老相识了，他俩从小在同一条街长大，毕业于同一所小学，现在又是同一个领域的同行。罗思虽说是罗巴德的上级和导师，也是罗巴德论文的合作者，但其实他并不想为了一个年轻的下手，而影响他和费立格的个人交情。1979 年 3 月，为了大事化小，小事化了，费立格和罗思私下协商，达成了一个不加声张地化解问题的方法：推迟发表索曼和费立格的论文，让罗巴德的论文先发表，并在以后索曼和费立格的论文发表时，将罗巴德的论文列为参考文献，最后让费立格在即将召开的美国临床研究联合会上宣读论文时，提及罗巴德的工作及其价值。此后，费立格还亲自打电话给罗巴德，对已发生的事情表示歉意，并谈及了他希望了结此事的方案。在费立格看来，像他这样一位有地位、有声望的名家能够做出这样的姿态，已经给足罗巴德面子了，但出乎意料的是，罗巴德对这种和稀泥的“私了方案”并不感兴趣。

罗巴德认为事情并没有这么简单，她认定索曼和费立格的论文完全是在她的论文基础上“编造”的，这下，就不单单是个剽窃问题了。费立格认为事情有点麻烦了，便找来索曼询问事情的来龙去脉。在剽窃事实证据确凿的情况下，索曼承认偷偷复印了罗巴德的论文，并按此文“撰写”了他的论文。至此，索曼学术造假的事实已经浮出水面。但费立格却让索曼提供一份论文的实验记录，并将索曼交出的一份经过编造的虚假资料复印后，不加核实地寄给了罗思，以证明索曼早已开展并已接近完成此项研究了。罗思不经调查，竟然表示接受费立格的观点，这使罗巴德很失望，也很气愤，因此与罗思发生了多次激烈的争吵，并鼓足勇气继续揭露索曼和费立格的学术不端行为。

1979年3月的一个早晨，一封普普通通的信件送到了耶鲁大学医学院院长伯利纳的办公桌上。这封信正是罗巴德寄来的。罗巴德在信中指出："在索曼博士和费立格博士的论文中，有10多处完全照抄了我投给《新英格兰医学杂志》的论文。"接着，她又对这两人的论文中数据的"真实性"提出了质疑，并强烈要求伯利纳"解决这起严重的道德事件"。读完信，同时又浏览了一遍随信附来的论文稿后，伯利纳皱起了眉头，他习惯性地拿起了烟斗猛抽了两口。一方面，他对以学风严谨著称于世的耶鲁大学研究人员竟出现这种问题颇感不悦；另一方面，凭着多年的学术阅历，他也以为这封信中的指控有些夸大其词。伯利纳知道费立格曾发表过200多篇论文，已是医学院副系主任。他认为这样一个一流的专家不会为区区一篇论文而去干剽窃的事。出于对名流的信任，伯利纳对罗巴德的申诉不以为然，并希望她不要再追究此事，应当信任名家的品格。然而，令这位温文尔雅、德高望重的院长没有想到的是，正是这封举报信，不但使整个耶鲁蒙羞，而且震惊了整个美国学术界，成为生物医学史上影响最大的学术剽窃案件之一。

此后发生的事实表明，耶鲁大学医学院的不少官员认为罗巴德是在小题大做，根本无意对巴罗德揭露的索曼和费立格论文剽窃事件进行细致调查和追究。罗巴德对此表示愤慨，她声称，如果耶鲁方面不进行一次深入调查，她将在5月举行的美国临床研究联合会上将此事曝光。这时对方妥协了。1979年6月，由罗思出面建议由国立卫生研究院的研究部主任拉尔到耶鲁大学进行一次调查。然而，拉尔认为这样的调查纯属徒劳，他说："我很难相信费立格还会搞欺骗"，这使调查工作一直迟迟拖着没有进展。7月初，罗巴德怀着极度失望的心情，辞去了国立卫生研究院的研究工作，到华盛顿的一家小诊所,当了一名普通医生,从此告别了她的研究生涯。

随着罗巴德离去,费立格心里的一块石头落了地,他以为论文剽窃事件到此结束了。作为一名科学权威,他竟然将明知具有剽窃证据的索曼论文,在几乎未做删改的情况下,于 1980 年 1 月在他担任编委的《美国医学杂志》上发表了。但是,他这次低估了罗巴德的意志。平时看起来腼腆害羞、少言寡语的罗巴德不顾压力,她虽然已经放弃了研究事业,但并没有放弃继续追究论文剽窃事件的决心。她不断地给她过去的上司罗思打电话,催促调查工作赶快进行。1980 年 1 月,罗思找到波士顿伊斯雷尔医院糖尿病代谢科主任、哈佛大学医学院助理教授弗赖尔,要求他协助调查。弗赖尔于 2 月 5 日乘火车抵达耶鲁大学并约见了索曼,要求他出示与论文有关的实验资料和数据。令弗赖尔吃惊的是,索曼论文上提到的 6 个病人,现在只有 5 个病人的资料,而且更令人费解的是,从这些病人测得的数据与论文中图表显示的完全不符。弗赖尔直截了当地质问索曼:论文上的数据是不是伪造的?此时,索曼脸色尴尬,低下了头。

耶鲁大学医学院拖了一年多的论文造假剽窃案,弗赖尔只花了不到 3 小时就真相大白,这让耶鲁大学医学院感到十分难堪。这时,费立格找到医学系主任塞蒂尔,两人又一同去了医学院院长伯利纳的办公室。3 人共同商定,最合适的责任承担人应当是索曼。他不能再在耶鲁医学院待下去了,他必需离开。索曼认命,狼狈地离开了耶鲁大学,回到了祖籍印度,从此在科学界销声匿迹。

但事情还没有结束。由校外专家进一步调查的结果显示,索曼在耶鲁期间发表的 14 篇论文,可以通过的只有 2 篇,其余 12 篇不是因为数据“丢失”,不可查证,就是在数据上有明显作弊。在这 12 篇造假论文中有 10 篇署有费立格的大名。不久,耶鲁大学最终撤回了在《美国医学杂志》上的那篇论文,此后,耶鲁大学又撤回了所有12篇索曼的造假论文。事情的结果是：索曼不得不离开科研岗位，曾发表过200多篇有价值论文的费立格不得不引咎辞职。

【点评】

耶鲁大学医学院索曼和费立格学术造假剽窃案早已尘埃落定，但它所暴露出的科学道德问题仍然值得深入思考。长期以来，在人们的心目中，科学是诚实的事业，科学家是诚实的人。然而，今天社会公众对科学的信任发生了动摇，科学诚信缺失现象已不容忽视。

科学的本性客观上要求科学家应以追求真理为己任，但在他们平常的科学活动中，激励他们行动的却往往是好奇心、优先权，特别是与同行和对手的激烈竞争中，有时不能坚守"追求真理"的理想信念，产生了形形色色的科研不端行为。当费立格受托为《新英格兰医学杂志》审阅罗巴德的稿件时，他看到了罗巴德手中的牌，却不让她看自己的牌。其实从这时起，费立格和索曼知道他们正处于一场竞争之中，而罗巴德却一点不知道她正在和耶鲁研究小组作对。费立格即使完全是根据罗巴德论文的水平提出不予发表的建议，但他不会不想到，他这一举动将会拖住罗巴德，而为他的助手索曼赢得更多的时间。

美国学者布罗德和韦德认为："科学本来应该是一个只承认能力和水平的王国，在这个王国中，对人和思想都是根据其水平来判断的。但实际上并非如此。正如在其他行业一样，科学家们把很大的注意力放在等级上。"在科研领域，罗巴德是一个年轻而默默无闻的"小人物"，甚至连她自己实验室的罗思对她的支持也是极有限的。对她的控诉，耶鲁大学一些官员不屑一顾，甚至采取挖苦嘲笑的态度，说她是个"疯女人"。尽管罗巴德说的是有道理的，但她的有理并没有为她争取到一次及时的听证，"因为在科学中还是等级决定一切。要不是存在明显的剽窃，等级往往会战胜她举出的事实"。

在今天的科学活动中,剽窃是一个高发的学术不端行为。就目前所曝光的具体案例来看,剽窃行为主要涉及以下3类:直接剽窃、间接剽窃和隐含剽窃。

在本案例中,索曼和费立格的学术剽窃大致属于间接剽窃。所谓"间接剽窃",一般是指在科学活动过程中,一些科研人员在现实利益的驱使下,将他人未发表的实验思想、实验方法甚至数据等实质性内容窃为己有,并在此基础上写成论文正式发表的行为。虽然科学知识的拓展来源于知识的共享,然而在科研成果未正式发表之前,就必须切实保护原作者的合法权益。就目前的实践而言,各国均将擅自使用或泄露同行未发表的研究成果作为不端行为的认定标准之一。因此,科研人员尤其是同行评议人员有保守同行未公开科研秘密的义务,更不能将他人成果抢先发表,据为己有,因为这都构成了对原作者知识产权的侵犯。

参考文献

[1] 威廉·布罗德,尼古拉斯·韦德著.朱进宁,方玉珍译[M].背叛真理的人们:科学殿堂中的弄虚作假.上海:上海科技教育出版社,2004.

[2] 任本,庞燕雯,尹传红.假象:震惊世界的20大科学欺骗[M].上海:上海文化出版社,2005.

[3] 中国科学院.科研活动道德规范读本(试用本)[M].北京:科学出版社,2009.

(刘学礼)

34. 一场争夺优先权的国际官司

——盖洛隐含剽窃案

2008年10月6日，瑞典诺贝尔奖委员会宣布，法国巴斯德研究所病毒学家吕克·蒙塔尼(Luc Montagnier)和弗朗索瓦丝·巴尔-西诺西(Francoise Barre-Sinoussi)由于发现艾滋病病毒，而获得了本年度的诺贝尔生理学或医学奖，该项研究成果"是我们从生物学上理解艾滋病与利用抗逆转录病毒治疗方法对抗它的先决条件"。消息传来后，美国国立癌症研究所(National Cancer Institute)病毒学家罗伯特·盖洛(Robert C. Gallo)在接受美联社采访时，对自己这次未能获奖表示深感失望。围绕艾滋病病毒发现的优先权，盖洛与蒙塔尼展开了多年的激烈竞争，演绎了医学史上一场旷日持久的国际科学官司。

1981年6月，美国医学家首先发现的一种神秘的新疾病——艾滋病，随即世界各地许多科研机构开始了一场你追我赶的鉴定、分离其病原体的竞赛。1983年1月，蒙塔尼、巴尔-西诺西及其同事首先从巴黎一名艾滋病患者的淋巴结中分离出了一种病毒，并研究了它的生物学性质，随后，他们又在电子显微镜下，目睹了该病毒的真面目，发现它在形态上与早年美国病毒学家盖洛发现的"人类T细胞白血病病毒"(简称HTLV，包括HTLV-1、HTLV-2)完全不同，为了与HTLV相区别，蒙塔尼将其命名为"淋巴腺病相关病毒"(简称LAV)，并在1983年5月20日出版的美国《科学》杂志上报告了这个发现。与此同时，蒙塔尼将 LAV 样品标本寄了一份给盖洛。

可没想到的是，1984 年 4 月，盖洛突然宣布发现艾滋病病原体是一种新型的“人类 T 细胞白血病病毒”，并称之为 HTLV－3，研究论文将在 1984 年 5 月 4 日的美国《科学》杂志上发表。他同时宣布研制出艾滋病病毒的检测方法，并申请了专利。

当蒙塔尼看了盖洛的论文后，惊讶地发现 LAV 与 HTLV 是不同的，但 HTLV－3 却与 LAV 惊人地相似，这两种病毒基因序列的差异不到 2%。蒙塔尼怀疑盖洛自称发现的那种病毒(HTLV－3)，只不过是将自己曾寄给他的病毒样品(LAV)改换了一个名称。可是，在病毒学界，盖洛的名气比蒙塔尼大多了，大多数同行都认为，盖洛是第一个发现艾滋病病毒的人，盖洛因此很快申请到了美国专利局授予的检测专利。

蒙塔尼很气愤，对盖洛提出了起诉，指控他剽窃了自己的科研成果。盖洛是否盗用了 LAV 冒充 HTLV－3？国际病毒分类委员会为避免卷入这场优先权纷争，既放弃了蒙塔尼的 LAV 名称，也不采用盖洛的 HTLV 名称，而是把这种新病毒命名为“人免疫缺陷病毒”(简称 HIV)。

盖洛起初试图否认 HTLV－3 和 LAV 是同一个病毒株，后来在大量科学事实面前，不得不承认两者相同。但他很快倒打一耙，控告蒙塔尼盗用了他的 HTLV－3。蒙塔尼确实曾经向盖洛要过 HTLV－3，但这个反指控显得滑稽可笑，蒙塔尼在收到盖洛提供的 HTLV－3 之前，已经在 1983 年 5 月 20 日出版的美国《科学》杂志上发表了艾滋病病毒的论文了。盖洛的艾滋病病毒据称是由研究人员米库拉斯·波波维克分离出来的，对其来源，波波维克一直含糊其词，后来干脆说是从许多患者的混合血液中分离的，这种分离方法显然是很不正常的。1986 年 5 月，盖洛在《科学》刊发了更正，声明他在刊登于1984年5月4日《科学》杂志上的论文中，误把蒙塔尼提供的LAV照片当成了HTLV-3照片。

艾滋病病毒发现的优先权以及诊断技术的专利权问题在大西洋两岸争执不休，不断升级，并演变成一场你争我夺的国际科学官司。美国法院对此案调查了16个月未果。双方为争夺发现艾滋病病毒优先权的激烈争论，引起了法国和美国两个国家之间的法律甚至外交纠纷。美国国立卫生研究院还专门委托罗氏制药公司的专家开展调查。这场官司持续了一年多，甚至惊动了美国总统里根和法国总统密特朗，在两位国家元首的主持下，双方于1987年3月底终于达成协议：两国平分专利费，共享首先发现艾滋病病毒的荣誉。至此，这场争端总算告一段落。

然而，政治家的妥协不能代替科学研究的诚实，美国的科学界和新闻界决心把真相查个水落石出。1989年11月19日，美国《芝加哥论坛报》发表了长篇报道，揭露盖洛自称的发现其实是剽窃了蒙塔尼的艾滋病病毒研究成果。这篇报道像是投下了一颗重磅炸弹，引起了强烈反响，迫使美国政府重新调查此事。1991年10月，美国国家科学院重新组建审查小组，将盖洛实验室中的艾滋病病毒样品和蒙塔尼实验室的样品分别进行培养分析，将它们的DNA序列图谱进行比较，终于证明，盖洛自称发现的艾滋病病毒样品确实来自蒙塔尼寄给他的样品。

在事实面前，盖洛在英国著名的《自然》杂志上发表声明，承认他分离出的艾滋病病毒来自法国巴斯德研究所。1994年7月11日，美国公共卫生部终于承认"巴斯德研究所提供的病毒在1984年被美国的科学家用以发明美国艾滋病病毒检测工具"，并同意让巴斯德研究所分享更多的专利费。美国官方也只好宣布放弃两国共享首先发现艾滋病病毒的荣誉，这个荣誉应该归属于法国。也就在这一年，盖洛离开了国立卫生研究院。

2008年10月6日，瑞典诺贝尔奖委员会将本年度的诺贝尔生理学或医学奖颁给了蒙塔尼和巴尔-西诺西，以表彰他们发现了艾滋病病毒。这也为医学史上一场旷日持久的由争夺优先权而引发的国际科学官司画上了句号。

【点评】

科学发现优先权是指科学家对其某一科学发现的所有权。优先权是荣誉性和象征性的，它表达了科学共同体对科学家角色表现的认同，它是对科学家的科学劳动及其成果的最高褒奖，也是一种科学规范。在科学史上，科学家之间为了优先权而展开的激烈的你争我夺的案例屡见不鲜。发现艾滋病病毒(HIV)之争就是现代医学史上科学发现优先权之争的典型案例。

美国科学社会学家默顿认为，科学发现优先权之争不能简单地归结为科学家的个人道德问题，而是科学目标和科学规范相互作用的结果。科学目标是"为人类拓展确证无误的知识"，科学规范则是科学界共同遵循的内在原则。"科学发现构成了一种共同的遗产，其中单个生产者的法律上的权力受到严格的限制。用人名命名的定律或理论并不意味着它们被发现者及其继承人所独占，惯例也没有给他们以特殊使用和处置的权力。科学中的所有权被科学道德的基本准则削弱到最低限度。"当优先权可能落在非发现人的头上时，是对科学公有性规范的违背。科学家对他的发现的唯一要求仅仅是其他人承认他在这一发现中所起的独特作用。从这个意义上讲，承认科学优先权的实质是对科学规范的坚守。

可见，对优先权的热衷是科学体制内强调独创性的规范在科学家心理上造成的伴生物，正是这些规范对科学家施加了无形的压力，迫使他们维护自己的正当权利。其实，科学家个人并不一定一开始就有成名成家的欲望，但科学只要坚持并经常从功能方面强调独创性,并按独创性来分配奖励,就足以把对优先权的认同变为至高无上的东西。这样,认同和名气就成为一个人工作出色的象征和奖励。

国家对享有优先权也有要求。在一个由众多国家组成的世界上,每一个国家都有自己的民族自豪感。新发现不仅增加科学家个人的荣誉,也增加一个民族的荣誉。这就使优先权之争变得更广泛、更激烈,更带有感情色彩。由此可见,科学体制的驱使,加上科学家心理和国家民族方面的原因,是争夺优先权的真正原因。

究竟是由谁最早发现了艾滋病病毒?这并不只是发生于蒙塔尼和盖洛两位科学家之间的优先权争论,也不只是存在于巴斯德研究所和国立卫生研究院两个科研机构之间的优先权争论,更是法国和美国两个国家在争夺国家荣誉和市场。当初艾滋病病毒检测方法很快就被用以血液的筛查,每年至少有几百万美元的专利收入。美国政府一开始就力挺盖洛,尽管盖洛的专利申请比蒙塔尼的晚了好几个月,但照样能获得专利。在事情败露之后,美国又采取息事宁人的做法,拖了整整10年,直到媒体的介入,才有了官方调查和结论。盖洛实验室的利益变成了美国政府的利益,这才造成了严重后果。美国国立卫生研究院曾专门委托罗氏制药公司的专家开展调查。这场官司甚至惊动了美国总统里根和法国总统密特朗,在两位首脑的主持下,双方于1987年3月底达成协议:两国平分专利费,共享首先发现艾滋病病毒的荣誉。

获得优先权的承认是一个科研人员得到社会认可的根本,表明他已经成功地达到了对一个科学家最严格的角色要求。因此,获得优先权的承认具有刺激科研人员渴望得到应有的荣誉而努力进行探索发现的动能,是科研人员从事科研工作的原动力,对科学进步和创新起到了推动作用。

对于艾滋病及其病原体研究中取得的丰硕成果,科学界一般认为，法国科学家首先分离出艾滋病病毒，而美国科学家则为该项发现提供了技术(如细胞体外培养技术)并证明了艾滋病病原体就是HIV。在艾滋病爆发后短短的两年内，科学家们就发现并检测出了一种新的流行病毒，研制出诊断工具，研发出相当有效的治疗手段，以延长患者的期望寿命，这些重要成果为防止艾滋病的大规模传播起到了关键性作用，因此毫无疑问这是现代医学科学的重大成果，而优先权的竞争在很大程度上起到了加速作用。

但是，科学发现优先权犹如一把“双刃剑”，一方面，它能维护科学家们的权益，激励他们的研究热情，加速在一个特定领域的科学知识积累和发展；另一方面，它能加剧科学家相互间的争执，甚至导致一些科学家采取不适当、不合理的方法侵犯他人的科学发现优先权。如果为了争取赢得科学发现优先权而竞争过度，加上科学家放松自律，就会容易造成科学中的剽窃、篡改、捏造等严重违背科学精神和科学规范的行为。这些学术不端行为与科学精神气质格格不入，对科学危害极大，它们往往在短期内又难以被揭穿，而慢慢腐蚀着科学共同体。

在本案例中，为了赢得艾滋病病毒发现优先权，盖洛不惜违背科学道德，隐含剽窃了蒙塔尼的成果。隐含剽窃是在别人工作的重要启发下，完全以自己确实的观察实验做出了进一步确有新意的研究工作，但在成果发表时，没有给予应有的致谢，甚至有意不征引他人文献的行为。这种行为往往导致科学共同体在对他的成果予以承认时可能出现被承认范围扩大的情况，从而隐含地得到了本该属于他人的那一部分荣誉。因此，对另一位研究人员没有给予应有的致谢，就在一定程度上构成了对他人工作的剽窃。1983 年 1 月，蒙塔尼就从艾滋病人的血样中分离出了艾滋病病毒，当时叫拉夫(LAV)。在他发表论文的同时，将病毒样本寄给了盖洛。一年后，盖洛发表论文声称自己发现了艾滋病病毒(HTLV - 3)，并申请到了检测专利。其实,盖洛的发现来自蒙塔尼寄给他的样品,只是改换了一个名称而已。最终在事实面前,盖洛才不得不承认他分离的艾滋病病毒是来自蒙塔尼的,美国官方也不得不承认艾滋病病毒发现的优先权归于法国。

当然,在争夺科学发现优先权问题上,不能仅仅看科学家个人的品德问题。优先权对于科研人员来说是重要的,科学家常常积极设法让自己的见解引起别人的关注,使自己的姓名与新发现能紧密联系在一起。优先权几乎对于所有科学家来说都是一个强大动力,正如默顿所指出的:“穿插在现代科学史中的关于优先权的争论通常是由关于独创性的传统受到重视而引起的。一种竞争性的协作由此而生。竞争的产品被公有化,对生产者的尊敬油然而生。”但问题是,争夺优先权必须采用正当的、合理的手段,唯有如此,才能保证科学知识的公有和积累,才能坚守科学共同体的内在规范。所以,我们在肯定科学发现优先权功能的同时,也要提倡谦逊高尚的价值观念。尽管有科技期刊论文发表日期的标注规定、专利制度等一系列保障科学发现优先权归属的制度规范,但是,为了赢得在科学界的权威地位,为了争取到更多的学术资源,一些科研人员仍会在争夺科学发现优先权时,将科学精神抛在脑后,违背基本的科学道德规范,这是光靠制度难以杜绝的现象,况且任何制度本身难免有不足之处。因而,要想从根本上解决问题,还得加强科学家的自律,使科学家认识到自己成就的取得,大大受惠于前人留下的知识遗产,而个人的能力和知识毕竟是很有局限的。社会要营造弱化人们一味追逐名利的氛围,把科学研究真正看成是为了人类知识增长这一终极目标,真正做到无私利性,就不会过于为了优先权问题徒耗精力,更不会去干昧着科学良心、违背科学道德的事情。

参考文献

[1] 闵敏,王辉. 艾滋病病毒的发现者及优先权之争[J]. 中华医史杂志,200639(1):58.

[2] 米歇尔·德普拉孔塔著. 袁俊生译. 孤独的真相——震惊世界的科学大骗局[M]. 重庆:重庆大学出版社,2011.

[3] R·K·默顿. 科学的规范结构[J]. 哲学译丛,2000(3):56.

(刘学礼)

35. 美国科学界的"水门事件"

——萨默林和他的"涂色老鼠"

1974年,美国前总统尼克松因"水门事件"被迫宣布辞职,一时举世震惊,美国公众对于政界的信任度急剧下降。让人们没有想到的是,就在同一年,一向受人尊敬的科学界也曝出特大丑闻。遐迩闻名的斯隆-凯特林癌症研究所(Memorial Sloan-Kettering Cancer Center)的研究人员萨默林(W. Summerlin)给实验老鼠涂色,通过卑劣的欺骗手段为自己从事的皮肤移植研究提供"证据"。萨默林事件引起了学术界强烈震动,许多报刊将这件丑闻称作"美国科学界的水门事件"。

萨默林1939年出生在美国南卡罗莱纳州的一个小城镇,早年在亚特兰大的埃默里大学就读医学专业,毕业后,先后在得克萨斯州的一家医院做外科实习医生,在斯坦福大学医学院做了4年的皮肤科住院医生。在斯坦福期间,萨默林着手从事皮肤的生物化学研究,虽然他对自己的工作充满信心,但苦于弄不到科研经费,无法按照自己的思路开展研究。1971年夏天,他来到了明尼苏达大学,加入了古德(Robert Good)负责的免疫学研究团队。

古德是美国声名显赫的医学家,尤其在免疫学领域独树一帜。1973年3月《时代》周刊曾经把古德作为其封面人物,详细介绍了他在免疫学方面的卓著成就。古德还是一位具有很强组织能力的实验室主任。在5年时间里,他与别人联名发表了将近700篇学术论文。当然，这项业绩凝集着他手下一大批研究人员的辛勤汗水。古德习惯了在他手下撰写的论文中署上自己的名字，不过，作为一个部门的头头，他与合作者们的接触并不多。他常常外出旅行，而当在学校时，手下几十号人则争着找他，希望能得到他的关注。萨默林来到古德实验室不久，古德带着他手下的50个研究人员离开了明尼苏达大学，应邀赴纽约接任了斯隆-凯特林癌症研究所的所长职位，成为那里科研工作的最高领导。

斯隆-凯特林癌症研究所是由著名慈善家斯隆于1945年捐资创建的。1960年，该研究所与纽约癌症医院合并，成为教学、科研和医疗“三位一体”的大型医学中心。这里设备先进、资金雄厚、人才济济，成为世界上癌症研究和治疗的前沿阵地，其优越的科研环境更像磁铁般地吸引着许多科学精英来此一展身手。但在那几年，研究所的科研水平和学术声誉曾一度下滑。古德受命于临危之际，背负着很大的压力。萨默林跟随古德来到了斯隆-凯特林癌症研究所，从此成为一个专职的研究人员。尽管古德仍然还在萨默林撰写的论文上署名，但是萨默林也在谋求经济上的独立，富裕的科研经费激励着他继续从事器官移植研究中他自以为已有的突破性的工作。

众所周知，器官移植面临的一大科学难题就是排异反应。将某个人(供体)的器官移植到另一个人(受体)身上时，通常会出现免疫排异反应：受体的免疫系统会识别出外来的器官不属于自己，而是入侵者的，从而会试图消灭它。这是因为在人体每个细胞的表面都存在一组独特的组织相容性抗原HLA，免疫系统能够分辨HLA是属于自身的还是外来的，那些带着外来的HLA的细胞将被免疫细胞杀死。因此在做器官移植时，除了要尽量让供体与受体的HLA配型较好外，还要设法抑制免疫排异反应。

1973年3月，在由美国癌症学会举办的一次研讨会上，萨默林声称，把器官从供体分离出来后，在移植之前先放在营养液中泡一周左右，将会使其细胞丧失一部分 HLA，因此能大大减轻移植后的排异反应。他宣布，用这种方法对两只没有基因关系的老鼠进行了实验，成功地将黑色老鼠的皮肤移植到了一只白色老鼠的身上。

第二天的《纽约时报》在第三栏的醒目标题下刊登了一条激动人心的消息："实验室的发现可能帮助解决器官移植问题"。一夜之间，萨默林从默默无闻的小字辈一下子跃升为大名鼎鼎的科学明星。之后，萨默林申请了一份可运行 5 年的高达 131 564 美元的科研经费。

尽管新闻媒体做了宣传报道，萨默林在学术会议上也做了动人的演讲，但其他研究人员怎么也重复不了他的实验结果。斯隆-凯特林癌症研究所有位免疫学专家被专门指派过来重复萨默林的实验，同样毫无结果。于是，人们不得不对萨默林的工作打上了一个大大的问号。扮演着这项研究的学术支持人角色的古德则凭借他本人的地位和声望，说服了一些同行，但最难办的是说服英国著名免疫学家梅达沃。

梅达沃曾因器官移植的出色研究而荣膺了 1960 年诺贝尔生理学或医学奖，他也是斯隆-凯特林癌症研究所董事会的成员。其实，梅达沃对萨默林的研究极感兴趣，但他和他的同事按照萨默林的方法重复实验，却无论如何都得不到萨默林所宣称的结果。梅达沃有一股咬定青山不放松的执拗劲，他一定要找出问题的答案。

1973 年 10 月，萨默林在向董事会报告他关于角膜移植的工作时，向与会者展示了一只据他说双眼已经做过角膜移植的兔子。正像梅达沃后来描述的那样："这只兔子的眼睛透明度很好，它看着董事会成员时，眼光笔直而坚定，这样的凝视只有知觉完全清醒的兔子才能做到。我不相信这只兔子接受过任何移植，这倒不是角膜的透明度完好无损，而是因为角膜周围那圈血管分布根本就没被动过。可是在当时我没有勇气指出我认为我们都上了当。”

后来，古德也开始对萨默林的研究成果将信将疑，他让萨默林实验室中的一位研究人员撰写一篇报告，宣布萨默林的某些实验无法重复。此时，萨默林很紧张，但他仍然企图蒙骗过关。他在去古德办公室的途中，用一支书写标签用的黑色毡制粗头笔，在一只白鼠的皮肤涂上了几个黑块，以此假冒新移植的黑鼠皮肤。遗憾的是，古德并没有注意到萨默林暗地里做的这些手脚，再次上当受骗，他考虑撤销那份报告。但是，当这两只老鼠被送到高级实验室助理马丁的手里时，这位细心的助理发现那只白鼠的黑色植皮有点异样，他用酒精清洗之后，白鼠身上这些所谓的黑色植皮竟然变成了白色。马丁迅即将这一情况报告了古德。

医学实验造假行为可耻

斯隆-凯特林癌症研究所成立了由6位专家组成的调查委员会来专门负责审查萨默林的工作及其造假嫌疑。通过对17位相关人员的电话质询和面谈，调查委员会获得了可靠的宣誓书和书面声明，并向萨默林做了大约8个小时的谈话。调查结果认定了萨默林在科研中的学术不端行为，萨默林立即遭到停职处理，他的学术造假行为在一场新闻发布会后大白于天下。萨默林最终被逐出医学界，不得返回。调查委员会认为，对萨默林事件，尤其是在萨默林的实验结果尚未被充分证实之前，就允许媒体大肆宣扬，在这个问题上，古德应负有一定的责任。调查委员会还指出："几位调查人员在重复萨默林的实验时遇到了很大的困难，他们指出萨默林不诚实，而古德对此却置若罔闻。"

作为萨默林的导师和上级，古德不可避免地受到牵连和指责。不过，尽管调查委员会也和风细雨地指责了古德，但他们最终还是以某些理由原谅了他，比如说，像他这样一个身居高位、公务繁忙的行政官员不可能去监督一个下级同事，以及"通常相信合作者是诚实和可信赖的"这一点很难使他想到"造假"这个字眼。古德并没有辞职，到了1985年，他成为佛罗里达州圣彼得斯堡市儿童医院的主任医生，并且在南佛罗里达大学做研究教授。

据说科学家有句行话："要么公开成果，要么消失于无形。"话虽说得绝对，却也反映出科学家们想要赢得荣誉和博取同行尊敬的欲望是多么的强烈，他们身处的竞争体制又是多么的残酷。在这一点上，萨默林多少还是有一些值得同情的。但不管怎样，造假行为乃是对科学的玷污，对真理的背叛，是不能被原谅的丑恶行径。

事情总有两个方面，正是萨默林事件促进了美国科学界对科研体制、学术道德的反思和建设。就在当年，美国国会便提出要求：所有接受国家科研基金资助的研究机构均要建立科研伦理评价委员会，一整套关于科研道德规范的制度开始逐步形成，这也许是"美国科学界的水门事件”留给我们的最好遗产吧。

【点评】

科学理论是对客观事物的本质和规律的正确反映,客观真理性是科学理论最根本的特征。客观事物的规律是不以人的意志为转移的,构成科学理论的概念、判断和结论都是对客观规律的抽象与概括。科学理论的客观真理性要求建立理论所凭借的材料是真实可靠的,是经过实践检验的,是能够重复的。科学知识不同于其他知识,具有实证性,它是由职业化、专业化的学者,一般称为“科学家”的人进行生产的。这些科学家不断检验着彼此的工作,剔除那些不可靠的东西,充实经过验证的结果,而这些结果都是建立在实验事实基础之上的。

实验材料、原始数据是研究结论正确与否的基本前提和依据,对于科学工作者来说,实事求是、尊重第一手材料是科学研究的基本道德准则,也是科学精神的基本要求。然而,在现实的科学研究中,由于受到各种主客观因素的影响,有些人或急功近利,或为了使结果支持自己的假设,或为了附和某些已有的研究结果,不以或不完全以实际观察和实验中所取得的真实数据作为得到理论或验证假说的依据,而是用主观取舍、篡改甚至编造数据(包括可数量化的图表、曲线等)等手段有意偏离真实情况,以“人为的成果”作为研究的成果并公开发表。

编造原始数据是科学活动中极其严重的学术不端行为,《背叛真理的人们》一书的作者布罗德和韦德指出:“全盘编造这样的事件几乎可以肯定地说是极为罕见的,编造科研数据的那些人很可能是从修改原始实验结果这类罪行轻得多的小事开始着手并得手的。修改数据这种似乎微不足道的小事在科研中大概绝非少见。”与其他科研领域相比,由于研究对象的特殊性,使生物医学领域成为学术不端行为的高发地带，造假手段往往更为卑劣而又隐蔽，分清生物医学研究中无意的失误和有意地造假也变得更为困难。别人重复不出来的实验结果虽然值得质疑，但是未必就一定意味着有假，或许是实验条件存在细微差异，或许是样品受污染等无意失误。因此，造假行为很容易被掩盖，造假者也不难找到为自己辩护的借口。但是一个人一旦尝到了造假甜头，往往还会铤而走险，并且手段越来越简单拙劣，越来越肆无忌惮，也就会有彻底败露的一天。

一般来讲，科学丑闻一旦曝光，直接造假者都会受到相应惩罚，甚至被驱逐出科学殿堂，像本案例中的萨默林。但对萨默林的导师或上级合作者的处理则不甚相同。这些科学名流头顶光环，他们仍可在科学界继续待下去。布罗德和韦德在论及萨默林学术造假事件时曾写道："当发现徒弟在不知羞耻地玩弄数据时，受其影响的研究所常常感到有责任派一个特别委员会来调查案件。这种委员会很少会离开原先定好的调子工作。他们的主要作用是使外界相信，研究所的科学机制是没有问题的。虽然在形式上实验室头头也会受到敲打手指关节那样的惩罚，但真正受到责备的常常还是犯了错误的徒弟。因为他已经被人(常常是与他一起工作的徒弟，而不是繁忙的老板)当场抓获，所以他别无选择，只能做命中注定的替罪羊，不但要为自己的而且要为所有人的罪过受罚。"科学史学家贾德森在谈及学术论文的署名问题时，也曾以本案例中的古德为例。古德一生署名发表论文两千多篇，其中包括多篇与萨默林合作的论文，这些论文为他带来了巨大声誉。古德成了美国科学院院士、骨髓移植手术的先驱者，曾在 1970 年获得生物医学界的最高荣誉之一拉斯卡奖，1973 年 3 月甚至成了《时代》杂志的封面人物。但当他的弟子萨默林学术造假的丑闻暴露出来后，他却以"不知情"(他确实是不知情)而逃脱了责任。但在他用署名的两千多篇论文去争得名誉和地位时，他就从不会说对其中的哪篇论文"不知情"。贾德森认为：“科学论文的每一个作者都要对论文的所有内容负责。”对因共同署名已获得了巨大利益的科学名家来说，尤其应当如此吧。

参考文献

[1] 贾德森著. 张铁梅，徐国强译. 大背叛：科学中的欺诈[M]. 北京：生活·读书·新知三联书店，2011.

[2] 布罗德，韦德著. 朱进宁，方玉珍译. 背叛真理的人们：科学殿堂中的弄虚作假[M]. 上海：上海科技教育出版社，2004.

[3] 中国科学院. 科研活动道德规范读本（试用本）[M]. 北京：科学出版社，2009.

（刘学礼）

36. 一个超级科学明星的陨落
——斯佩克特学术造假案

1980年初，美国辛辛那提大学一个名叫斯佩克特(Mark Spector)的年轻研究生，携带着一封教授的推荐信，兴冲冲地来到康奈尔大学著名医学家拉克尔的实验室。在这里，他很快展现出"超人才华"，在不到半年的时间，竟然提取出了一种叫"钠钾 ATP 酶"的蛋白质以及其他4种不同的蛋白激酶，而在一般情况下，完成这样的工作至少需要4年时间。在导师拉克尔的介绍下，斯佩克特先后获得了与麻省理工学院、国立癌症研究所、国立卫生研究院中的一流专家合作的机会。

1981年5月，在被誉为"分子生物学摇篮"的冷泉港实验室召开的一次学术会议上，才24岁的斯佩克特向与会者宣布了一项惊人的"科研成果"：正常细胞中存在一种没有活性的特殊自激酶，当肿瘤病毒入侵后，便激活了这种酶，结果导致细胞癌变。这个关于肿瘤病因的"新理论"——激酶级联说，听上去思路清晰，数据确凿，意义重大，被认为是一个有望赢得诺贝尔奖的重大成果。

1981年7月，斯佩克特与导师拉克尔联名在《科学》杂志上发表了激酶级联说，这一最新的致癌理论立刻轰动了整个学术界。新闻媒体大肆渲染，甚至有人预言：斯佩克特将会成为有史以来最年轻的诺贝尔奖得主！从此，斯佩克特一举成为生物医学界冉冉升起的一颗"超级科学明星"。

世界各地许多科学家闻讯而至，纷纷要求与斯佩克特合作。慕名而来者，甚至还包括诺贝尔奖获得者、著名遗传学家巴尔的摩。但是，他们并没有下苦功去重复斯佩克特的实验，而是把自己的试剂交给斯佩克特去测试。然而，不久人们发现斯佩克特的实验结果怎么也无法重复。后来，与斯佩克特合作的一名生物化学系研究生彭品斯基，用同样方法反复实验，却总不能得出同样的结果。使他感到蹊跷的是，只有当斯佩克特一个人单独操作时，实验才能成功。于是，彭品斯基向自己的导师、肿瘤病毒学家沃格特做了汇报。师徒二人一边实验，一边分析，终于在一个关键性的步骤上发现斯佩克特用同位素碘代替同位素磷来追踪酶，而这种酶根本不能与碘结合。他们顺藤摸瓜，终于戳穿了斯佩克特利用其他蛋白质进行实验结果的造假行为。对此，斯佩克特无法做出任何合理的解释。最终他没能在导师的监督下重现自己当初的实验结果，只能无奈地撤回自己的博士论文，并灰溜溜地离开了康奈尔大学。

之后的进一步调查发现，原来斯佩克特不仅实验是完全造假的，就连他辛辛那提大学的学士和硕士学位证以及那封教授的推荐信全都是造假的。更令人吃惊的是，在整个造假事件发生期间，他还是一个正处在缓刑期的诈骗犯。

然而，斯佩克特的肿瘤发生“新理论”在事后也有人给予了好评，康奈尔大学生物化学系主任就曾评价说：“如果斯佩克特只把肿瘤发生的激酶级联说当作一个假说写出来发表，他会被承认是一个天才。”可惜的是，斯佩克特天才的想象力配合上捏造的数据使他变得什么也不是了。

【点评】

20 世纪以后，随着科学家队伍的日益壮大，科学活动已经由社会精英的兴趣爱好转向千百万人的谋生职业，这就导致了科学家之间对各种研究资源的激烈竞争,加上科学活动与科学家个人利益的直接挂钩等等,在这种利益驱动的文化氛围下,各种违背科学规范的不端行为时有发生,其中最引人关注的当属形形色色的学术造假事件。

篡改数据、修改实验对象、捏造实验结果是学术造假者寻找到的"成功捷径"。在本案例中,斯佩克特用同位素碘代替同位素磷来追踪酶,而这种酶根本不能与碘结合,他利用其他蛋白质进行实验结果的造假。人们发现,斯佩克特经常以各种方式润饰实验,以人为生成一些现象,它们看似是其观点的证据。这种造假行为正是因为他守不住作为科研人员应有的科学道德规范,在丰厚的科研经费和奖励以及多种荣誉接踵而来之时,心存侥幸,总以为自己的造假行为不易被人觉察。

科学家铤而走险,弄虚作假有其主客观的原因。在学术研究的圈子里,如果长时间不发表论文,就会被视为没有研究成果,变得默默无闻。所以很多研究人员想多发表论文,以建立自己的学术影响力,但他们缺乏开展研究的经费,有人便把科研道德抛在了脑后,走上了论文造假的"捷径"。

追逐个人名利也是学术造假的主要原因。在科学活动中,有些研究人员一味追求个人名利,一心想出人头地、名利双收,但又不愿踏踏实实地长期坚持默默无闻、艰苦细致的研究工作。于是,投机取巧,弄虚作假,捏造证据、伪造科学发现、制造科学赝品,就成了他们攫取个人名利的重要手段。这些赝品的产生不是由于研究人员一时的工作失误,也不是因科学研究的复杂性所难免产生的曲折和迷惘,而是有些人的故意所为。有人说,这种所作所为一是为了荣誉,二是为了地位,三是为了金钱,一句话,是为了名利双收。其实归根到底,就是有的科学家在利益面前丧失了良知。

具有讽刺意味的是,虽然斯佩克特伪造实验结果的事实千真万确，可他的理论却具有一定价值。有人认为，如果斯佩克特只把他的想法当作一个假说写出来发表，而不是弄虚作假去“证明”，他就会被誉为天才。不做假证明，“斯佩克特假说”将受到该领域科学家的重视。这个假说无论由他还是由别人证明，都将成就斯佩克特的伟大，而不是作为一个反面教材。

然而，“假说”不是“造假的学说”。即便是假说也必须根据已知的科学理论和确凿的科学事实。假说是人们在头脑中预先对未知的自然现象及其规律作出一种假定性的猜测和说明，作为科学理论思维的一种重要形式，一方面，它必须获得背景理论的支持，并以一定的事实作为基础，所谓“言之成理，持之有故”，这表明了假说的科学性，正是这一特点使假说成为一种科学形态；另一方面，假说都包含一定的猜想内容，都带有一定的试探性质，这表明了假说的假定性，即对现实的超越性，正是这一特点使假说成为探求未知的一种过渡形式，需要接受检验，不断完善。总之，假说是科学性与假定性的统一。离开了已知的科学理论和科学事实，不是实事求是，而是弄虚作假，形成不了科学假说。

面对学术造假案例频频发生，社会各界有识之士认为，弄虚作假与科学精神格格不入，应该大力提倡严谨自律，求真务实。学术造假虽让真理蒙尘，但从未停止的追求真理的脚步终究会使学术造假者原形毕露，这就是科技界的自我纠错机制。科学家要忠于真理，献身科学，不能只关注个人眼前的利益，而忽视长期的损害，这是基本的科研伦理。学术造假者违背了这一伦理道德，迟早必将自食苦果。“你可以一时欺骗所有人，也可以永远欺骗某些人，但不可能永远欺骗所有人。”美国前总统林肯的这句名言，是给学术造假者的最好忠告。

“斯佩克特假说”是当代医学史的一个重大学术造假案例，它生动地警示我们：科学诚信是保障知识可靠性的前提和基础，科学诚信是科学道德的基本要求。在科研活动中不容忍任何不诚实的行为存在。科技工作者在项目申请、项目实验、成果形成、成果评价、成果发表的各个阶段、各个环节、各个方面，都必须实事求是。科技进步和科技创新需要每一位科技工作者遵行坚守诚信的科学道德，以自己的操守尊重科学、崇尚理性、实事求是、谨言慎行。“斯佩克特假说”固然让人扼腕痛惜，但愿斯佩克特以惨痛教训换来的深刻警示，能让科技工作者铭记科研诚信的价值。

参考文献

[1] 郭柏春.斯佩克特假说与科研诚信[N].光明日报，2008-04-28.

[2] 谢星海，张景生.科学赝品的成因及预防探析[J].科学学研究，1998(2)：82.

（刘学礼）

37. 骗取实验样本

——哈佛在华人体研究犯下的错误

2002年5月14日上午,在北京大学办公楼礼堂内挤满了听众,美国哈佛大学校长劳伦斯·萨默斯(Lawrence H. Summers)发表了演讲,其中首次公开承认哈佛大学在中国安徽农村所进行的人体研究"不仅是错误的,且是极其错误的"。萨默斯认为,他及其领导的哈佛大学应该为此承担责任,并强调科学研究不能以牺牲农民健康为代价。

原来,早在1990年人类基因组计划启动之后,美国有关科研机构就开展了对华人的基因研究,纷纷派遣人员来到中国,打着各种"科学研究"的旗号,大量非法采集中国人的血液标本。1995年,哈佛大学公共卫生学院在中国的"群体遗传研究计划"项目的执行过程中,严重违背基本的伦理规范:有些项目以"免费体检"、"健康成长"为名诱导受试者积极参与;有些项目擅自更改校方批准的科研计划,骗取实验标本从事人体基因研究。例如,对"哮喘病的分子遗传流行病学"的研究,批准招募的受试者为2 000人,但实际招募达16 686人。而且未经主管部门的批准,研究人员就把付给每个受试者的10美元补偿改为提供交通、快餐和误工补助。此外,批准的每份血样的采集量是2茶匙,但实际增加到6茶匙,所用的支气管扩张剂也和报批的不一样。在另一项关于纺织女工轮班制对生育影响的研究中,报批的是在确认怀孕前,每个月抽7天采集尿样,但在实际中，未经批准便擅自改为每天采集尿样。

在安徽大别山区的岳西县，数以万计的农民合家参加了哈佛研究人员组织的所谓“体检”，每人先后被抽了两次甚至多次的血样。研究人员声称他们在中国农村开展的科研项目得到了“接受实验者的同意”，但实际上，科研项目所用的知情同意书经常使用一些农民难以理解的专业词汇，他们根本不知道自己和家人的血样被送往了什么地方、干什么用。很多受试者参与实验的同意表格是倒签时间的，而且明显是第三人的笔迹。

据有关方面调查报道，当地 60 岁的储某和妻子及两个女儿在 1996 年 11 月和 1997 年 3 月参加了两次“体检”。项目包括血压、心肺功能等，并抽了血，但“不知有多少”。老储回忆当时的情景说：“胳膊从一个小洞伸进布帘里，医生在布帘后面，看不见。”两次都给了误工补助，第一次每人 10 元，第二次每人 20 元，外加两包方便面。第二次“体检”是有选择的，村里只有他们一家被挑上，而且不要儿子和外孙女，只要老两口和两个女儿去。他们愿意去，“因为大女儿的病情比较重，一到春天就咳喘得厉害，希望她能得到治疗”。但是她并没有得到治疗，只给了一个美中生物医学环境卫生研究所开的居民健康检查报告单。另外，研究人员说老储患有高血压，就给了两瓶降压药，没有人给他们看过、念过知情同意书，他们也不知道与哈佛研究人员的合作。至于血样送到哪儿去了也不知道。老储记得签过字，不过是为了领误工补助。

1996 年 7 月，美国《科学》杂志率先报道了哈佛大学的“群体遗传研究计划”，指出该项目在中国的血样采集数量很大。从 1999 年开始，美国一些学者从生物医学伦理角度，对哈佛大学在中国的人类基因研究项目提出了质疑，美国公共卫生部下设的“人体研究保护办公室”也着手对这些问题开展调查。2002 年 3 月底，该办公室的调查报告指出，哈佛大学在中国农村进行的 15 项人体研究，在生

违反道德伦理行为可耻

命伦理、监督管理和确保参与者的安全等多方面存在严重的违规行为。这些违规行为包括:研究前未告知参与者接受X光及肺功能测试的危险极不舒服症状;签订合同使用的是中国农民理解困难的复杂语言,侵犯了参与者的知情权。调查报告特别指出:在项目开始之前,有些项目没有按美国政府有关条例的规定,事先接受伦理机构的评议和审查。有若干美国学术机构参与的项目,都是在未经其审查部门评议的情况下开始进行的。调查报告同时指出,哈佛大学在中国农村进行的人体研究存在严重的道义问题。

【点评】

人体实验是提高疾病诊断水平、改进治疗措施的创造性活动,是医学发展的重要组成部分。任何一项新药物或新疗法的创新和应用,不管经过多少次的动物实验,最后必须经过人体实验来证明其有效性和可行性。只有那些通过人体实验证明确实对人体有益无害或利大弊小的研究成果才能用于人体。现代的医学伦理学承认人体实验是医学发展所需要的,但为了防止人体实验的滥用,有许多严格的限制。

人们清晰地记得,在第二次世界大战期间,那些投靠纳粹德国、日本军国主义的医生,用战俘、难民进行了大量惨无人道的人体实验,这引起了全球社会对人体实验伦理问题的高度重视,并最终确定了最为著名的伦理原则——知情同意。

从伦理角度看,人体实验应该在受试者知情同意的情况下进行。《纽伦堡法典》指出:"应该使他能够行使自由选择的权利,而没有任何暴力、欺骗、欺诈、强迫、哄骗以及其他隐蔽形式的强制或强迫等因素的干预;应该使他对所涉及的问题有充分的知识和理解,以便能够做出明智的决定。这要求在受试者做出决定前,使他知道实验的性质、持续时间和目的;进行实验的方法和手段;可能发生的不方便和危害;他的参与对他的健康和个人可能产生的影响。"

知情同意一般表现为在确保受试者理解信息(知情)之后,做出书面同意(或不同意)。受试者通常需要一段时间的培训和测试之后,才能签订书面的知情同意书,而不是形式化地签个字而已。所以,知情同意并不能仅凭一纸表格来证明,来取代。检查和判断一个项目是否做到了知情同意,不能仅看受试者的签字,更要看受试者是否"充分了解研究的目的、方法、资金的来源、任何可能的利益冲突、研究者所属的机构、预期的受益、潜在的风险和研究可能引起的不适"。在这里,"知情"是指受试者在接受某项治疗或与人体有关的实验之前及进行过程中,应得到其做出决定所必需的充分信息,如实验的目的、可能的危险、受试者在参与过程中的权益,等等;"同意"是指受试者在充分知情的基础上,独立、自由、自愿地做出承诺接受的决定。

然而，在本案例中，哈佛大学这些人体研究项目采集基因样本的现场，大多是在经济欠发达的中国安徽农村地区，参与者都是经济条件较差、文化层次较低、科学知识较匮乏的农民。研究机构以“免费体检”、“健康成长”为名，诱导受试者积极参与。研究项目所用的知情同意书使用了农民们难以理解的专业术语，受试农民根本不知道自己“同意”了什么，而有些知情同意书甚至没有列出一些测试项目可能引起的危险和不适。在基因采集现场，当地农民只记得“胳膊从一个小洞伸进布帘里，医生在布帘后面，看不见”。对于这些农民来说，检查哮喘是否需要抽血他们不知道，体检需要抽多少血他们也不知道，体检的目的他们就更不知道了，“很多受试者参与试验的同意表格是倒签时间的，而且明显是第三人的笔迹”。根据生命伦理原则，来自发达国家的研究人员，不能因为一些偏远地方的群众的自我保护意识不强，就不尊重他们的知情权，更不允许在发达国家不可以做的事，在欠发达国家或地区违规操作。

人体研究为了真正贯彻知情同意的伦理原则，就要注重对研究项目进行科学与伦理的审查，这是人体研究项目实施的先决条件。所有涉及人体实验的研究项目首先必须经过伦理审查委员会的审查，项目批准以后在实施过程中还要继续接受伦理审查委员会的监管。《赫尔辛基宣言》指出：“人体实验的每一个步骤的设计和操作都必须在实验方案中系统阐明。特别设立的伦理审查委员会将对方案进行分析、评价和指导，待合适时予以批准……伦理审查委员会有权监管正在进行的实验，研究者有责任将监管的信息，尤其是一些相关的不良事件提供给伦理审查委员会。”而在本案例中，一些项目研究在开始之前，没有按美国政府有关条例的规定，事先接受伦理机构的评议和审查。有若干美国学术机构参与的项目，都是在未经其审查部门评议的情况下开始进行的。有些项目甚至擅自更改校方批准的科研计划，骗取实验标本从事人体基因研究。

我国由于地域广阔、人口众多、历史悠久和文化背景独特，形成了一些特殊的遗传隔离人群；由于经济发展不平衡，因而形成了广泛的疾病谱，同时具有发达国家和发展中国家的各种疾病，加之长期以来中国人不好迁徙的习惯，形成了众多的不同疾病的家族、家系。这些状况给疾病的病因和发病机理的研究，尤其是与疾病相关基因的研究提供了得天独厚的资源。也正因为中国是基因资源大国，引起了一些发达国家的觊觎。国外一些科研机构或大公司打着各种旗号，千方百计地在中国搜集人类基因组原始材料，采集基因标本，试图寻找与这些疾病有关的基因。哈佛大学公共卫生学院在中国开展人类基因研究，正是因为在美国不好找到样本，中国样本比较好找。正如哈佛大学学院公关部主任赫尔曼所说："中国农村人口众多，血缘关系稳定，家族聚居多、迁移少，便于追踪。"

虽然哈佛大学公开承认在中国进行的人体研究不仅是错误的，而且是极其错误的，但项目的试验对千万受试者产生的不良影响及中国人类基因的流失已经无法挽回。正如新华社记者撰文指出的："在国际合作以及学术研究中，为了局部或个人的利益，就可以忽略或牺牲国家利益吗？……我们运行基因研究领域的国际合作，但不能以牺牲公众的知情权和国家的根本利益为代价。"作为一个拥有巨大人口和遗传资源的发展中国家，中国需要国外先进的科技、优秀的人才、雄厚的资金，来积极开展基因科技的研究，同时也对国际人类基因组研究作出应有的贡献。关键是，这种国际合作应当符合伦理规范，应当保护而不是损害公众的利益，特别是项目受试者的利益。为了规范基因研究领域的国际合作，保护我们国家长远的根本利益，1998 年，中国政府颁布了《人类遗传资源管理暂行办法》，明确规定使用中国遗传资源的国际合作必须在平等互利的原则基础上进行，要有正式的协议或合同，要经过中国政府的批准，采集样本要做到知情同意。这无疑为我们保护自身的权益提供了一个依据。

参考文献

[1] 熊蕾，汪延. 哈佛大学在中国的基因研究“违规”[J]. 瞭望，2002(4)：48.

[2] 学金良. 美国哈佛大学校长劳伦斯·萨默斯：哈佛在华人体研究“极其错误”[N]. 北京青年报，2002-05-15.

[3] 徐宗良，刘学礼，瞿晓敏. 生命伦理学：理论与实践探索[M]. 上海：上海人民出版社，2002.

（刘学礼）

38. 丧尽天良的人体研究

——塔斯基吉梅毒实验

说起“塔斯基吉梅毒实验”，人们禁不住毛骨悚然。在美国，“塔斯基吉梅毒实验”是一个令人闻之色变的专有名词。自 1932 年起，美国公共卫生部的研究人员以 400 名非洲裔黑人男子为“试验品”，秘密进行了梅毒实验，隐瞒当事人长达 40 年之久，使大批受试者及其亲属付出了健康甚至生命的代价。这就是现代医学史上臭名昭著的“塔斯基吉梅毒实验”，其全称为“针对未经治疗的男性黑人梅毒患者的实验”。

梅毒是一种性传播疾病，在没有抗生素的时代，它比今天的艾滋病更令人生畏。梅毒非常容易传播，所有没有保护措施的性行为、接吻或其他部分的身体接触都有可能导致传染，而且一旦染病，难以治愈。在治疗梅毒的特效药——青霉素出现之前，医学界试图用多种药物和方法来对付梅毒的施虐。1928 年，一个挪威医学家率先报道了数百名未经治疗的白人男性梅毒患者的病理症状。这项研究成果传到美国，美国医学界不甘落后，在一个名叫克拉克的医生的倡议下，美国公共卫生部迅速组织了一个专门的医学小组。

1932 年秋，该医学小组在亚拉巴马州西部的一个叫塔斯基吉的农村开展了所谓的梅毒感染人体自然过程的研究。塔斯基吉是当时美国最为贫困的地区之一，也是美国种族歧视泛滥成灾的一个州，那里的黑人几乎都是大字不识的文盲。在这片医疗条件极端恶劣的穷乡僻壤,当地人无知地将梅毒症状、贫血症状以及身体疲劳等症状混为一谈,一概称为“坏血”。

研究人员通过各种可能方式在教堂、学校、社区商店等地方到处张贴醒目的宣传海报,以提供食品、健康普查、免费治疗为诱饵,诱惑人们自愿参加研究项目。结果有 600 名黑人男子被选为实验对象,其中 400 名感染梅毒的作为试验组,200 名没有感染梅毒的作为对照组。梅毒患者感染的病毒都处于潜伏期,需要治疗的急症病人则被挑选出来作为接受标准治疗。这些黑人男子大多是被这样一句话所打动:“记住,这可是你能得到免费治疗的最后机会。”事实上,这些人都没有被告知该项实验的真实目的,只知道他们正在接受针对他们“坏血”而进行的“治疗”。就这样,他们在毫不知情的情况下成了可怜的“试验品”,从此坠落痛苦的深渊。

在塔斯基吉,600 名实验对象开始时都进行了全面的体检,包括胸部 X 光及心电图检查。此后,每人每年都进行随访并做反复的血液检查。但是,研究人员完全没有将实验目的、方法和可能的不良结果告诉受试者。对于患者,除了有时被告知他们具有“坏血”外,并不了解自身疾病的真相。其实,这些黑人根本就没有意识到自己就像小白鼠那样正在参与医学实验。

研究工作刚开始的几个月,研究人员还给予病人少量的治疗,但是之后,就再没向病人提供任何治疗,因为这项研究的目的就是要观察梅毒在没有治疗的状态下的自然过程。就在这一研究项目进行期间,一种可以有效治愈梅毒的抗生素——青霉素诞生了。第二次世界大战时期,许多人被征召并接受医疗检查,在很短时间内,军医就可以确诊所有感染梅毒的患者,并通过注射青霉素的方式将其有效治愈。

到了 1947 年,青霉素治疗已经成为针对梅毒的标准疗法,美国政府发起了“公共卫生战役”,组建了“快速治疗中心”,以求根除梅毒。但是，当这场根除梅毒的战争打到塔斯基吉时，研究人员却千方百计防止受试者获取梅毒治疗的信息，并对他们实施监控，极力阻止他们的实验对象参与战斗。因为塔斯基吉梅毒实验的主要目标就是在保证“试验品”没有接受任何治疗的情况下，观察梅毒的自然史，研究人员希望抗生素的出现不会影响到这项正在进行中的实验，以保证医学研究及其资料的“连贯性”。到了1953年，青霉素已成为普遍使用的药物了，这样一种安全有效的药物仍然不给塔斯基吉受试者使用，他们是故意地不给病人治疗。

塔斯基吉梅毒实验打着研究梅毒自然史的招牌，不给予患有梅毒的黑人受试者任何治疗。这项持续时间最长的违背伦理的人体实验，被视为“美国历史上最臭名昭著的生物医学研究性实验”。据统计，到1972年实验结束时，参与实验的患者中已有28人直接死于梅毒，大约100人因梅毒并发症而死亡，40人的妻子受到传染，19名子女在出生时就染上梅毒。此后，悲剧还在不时上演。

1997年5月16日，美国总统克林顿在白宫的东大厅举行了关于塔斯基吉梅毒实验道歉的仪式，8名幸存者中的5人、一些受害者家属和美国政要应邀出席。总统代表政府公开向塔斯基吉梅毒实验受试者及其家属以及塔斯基吉社区道歉。然而，这一迟到的道歉已经无法挽回对受害人造成的莫大伤害。

【点评】

人体实验是医学研究的基本手段和必经环节，正如《赫尔辛基宣言》所指出的：“医学进步取决于对人体对象进行实验的研究。”“即使是最经久的预防、诊断和治疗方法也必须不断地由科学研究来检验它们的有效性、效率、易利用性和质量。”然而，人体实验也经常为一些急功近利的人乃至机构和国家所滥用，以致酿成人类发展史上的悲剧。所以，在人体实验中，研究人员如何真正贯彻执行“知情同意”的伦理原则显得格外重要。

知情同意的概念来源于第二次世界大战后的纽伦堡审判。纽伦堡审判期间，揭露了纳粹集中营强迫受害者接受人体实验的令人发指、触目惊心的大量事实，使人们严重关注利用没有征得同意的受试者进行人体实验的问题。为了规范人体实验、防止不道德的实验和杜绝滥用人体实验，在纽伦堡审判后，颁布了《纽伦堡法典》，这是世界上有关人体实验的第一个正式的国际性文件，其中规定：“人类受试者的自愿同意是绝对必要的。”在涉及人体实验的法典《赫尔辛基宣言》中对“知情同意”内容进行了详细论述，即“每个潜在的受试者都必须被充分告知研究目的、方法、资金来源、任何可能的利益冲突、研究者所属单位、研究的预期受益和潜在风险、研究可能引起的不适以及任何其他相关方面”。根据这个原则，招募病人参加研究，必须获得病人或其监护人的知情同意。知情同意的人必须是有行为能力的、得到充分知情的，以及自愿的。需要告诉他们研究的性质、目的、持续时间、程序以及可预见的风险和收益；需要告诉他们其他可供选择的治疗方法、不便之处、附加代价、额外程序或是否需要住院；需要告诉他们如果他们同意参加研究，他们的资料除了研究人员得知外将对其他人保守秘密，他们有权随时退出试验而不受任何影响；需要告诉他们是否有不同的组、随机化和安慰剂。总之，知情同意原则要求提供一个理性的人做出决定所需的全部信息。

受试者的同意以知情为前提，唯有受试者真正知道研究的目的、了解研究的风险，他们才能将研究的目的当作自己的目的，才能承受这些风险；如果他不能认同研究的目的，不能理解研究的风险，那么他表示的同意是无效的。《纽伦堡法典》要求告诉受试者：“实验的性质、持续时间和目的；进行实验的方法和手段；可合理预期的所有不舒服和风险；以及对他健康或本人可能发生的影响。”

塔斯基吉梅毒实验研究人员在进行研究之前没有将实验目的、方法和可能的不良结果告诉受试者，没有签署知情同意书，欺骗受试者说为他们提供针对“坏血”而进行的“治疗”，告诉他们可以得到他们的丧葬费。

在这个实验的初期阶段，的确还没有治疗梅毒用的特效药，但即使在这个阶段，该实验在道德层面仍存在很多尖锐的问题。其中最明显的就是：为什么不向患者告知患病的实情？即使可以不向他们透露具体的情况，但若患者对其病症有粗略的了解，其可能的未来性伴侣就能免于感染。此外，人体实验的受试者难道不具有知情权吗？如果这些患者对自身的疾病有一定的了解，也可避免疾病向其他健康人群的进一步传播。

塔斯基吉梅毒实验违背人性之处就在于，研究人员隐瞒事实真相，故意不对参与实验的梅毒患者提供任何治疗。1947 年，在青霉素成为治疗梅毒的特效药之后，研究人员为了获得梅毒感染人体的自然过程，积累该病的连贯性资料，虽然有些患者需要接受及时的治疗，但是研究人员并没有考虑给受试者提供治疗，也没有对参与实验的黑人患者提供必需的治疗，而是继续让实验持续了 25 年之久。直到这个实验以及它的结果见诸新闻之后，这项实验才被最终停止。

尽管美国政府在 20 世纪 70 年代东窗事发后下令彻查、予以赔偿，并最终于 1997 年给出了迟到的道歉，但却无法挽回对受害人身心造成的极大伤害。塔斯基吉梅毒实验大大破坏了黑人社会对于美国公共医疗系统的信任。它导致的直接后果是，很多黑人不再相信药品医疗界，并且不再愿意参加诸如器官捐献等项目。这个实验引发的不良影响导致美国此后颁布了《国家试验法》，该法律的一个重要内容就是要求所有进行联邦经费资助的人体实验项目的研究机构，必须建立机构内审查委员会。此后，美国公共卫生部颁布了《人体受试者保护政策》，进一步明确要求所有的大学、医学院、试验医院根据联邦法和州法建立自己的机构内审查委员会。机构内审查委员会负责对人体实验方案涉及的生物医学伦理等问题进行审查和监督。

在公众民主意识日益觉醒的今天，当我们回过头重新审视塔斯基吉梅毒实验时，更能深切感到涉及人体实验的研究项目强调"尊重人"这一伦理原则的重要性。人是世界上唯一有理性、有情感、有建立和维持社会关系能力、有目的、有价值、有信念的实体。儒家说："天地之性，人为贵。"尊重患者的人格，维护患者的权利，是现代医学模式的必然要求，也是医学人道主义基本原则的具体体现。

科学研究的目的在于探索真理、造福人类，科学研究不得违背人道主义原则。诚然，为促进科学的发展，社会应该给科学研究提供一个自由的氛围，但这种自由是不可超越人道和人权的。科学研究自由并不意味着科学高于一切，不意味着有了科学的名义就什么都可以干。科学研究必须为人类服务，在任何时候都不能把人仅仅当作工具或手段。在人体研究问题上，需要权衡两个价值：医学进步为社会及其全体成员带来的益处；对有可能参与人体研究的个人的权利和利益的保护。社会应根据基本的伦理原则鼓励其成员参加在科学上和伦理上都经过严格审查的人体研究；同时应该对研究人员进行研究伦理的教育，建立健全严格的伦理审查机制，使人体研究沿着健康的道路发展。

参考文献

[1] 费子璇. 美国曾用国内黑人做梅毒实验[N]. 国防时报，2010－10－13.

[2] 中国科学院.科学与诚信：发人深省的科研不端行为案例[M].北京：科学出版社,2013.

（刘学礼）

39. 科研诚信缺失的缩影
——论文撤销事件的背后

著名的《科学家》网站公布的2010年十大论文撤销事件名单，分别按照被撤销文章的引用率和被撤销文章作者的知名度进行排名。

(1) 按文章引用率排名

第一名：《柳叶刀》有关麻风腮疫苗的文章，引用次数(累计，下同)：640次。

2010年2月，《柳叶刀》正式撤销了一篇发表于1998年的研究论文，这篇论文的主要作者安德鲁·沃克费尔德(Andrew Wakefield)指出，疫苗接种可能会导致孤独症。

第二名：干细胞自发转变成癌细胞的文章，引用次数：317次。

发表在2005年《癌症研究》期刊上的一篇文章认为，人体干细胞能自发转变为癌细胞，并暗示人体干细胞研究存在风险。该文章于2010年8月被撤销。值得一提的是，据媒体报道，其他研究也得出了与该论文类似的结论，因而该论文结论被认为可能依然有效。

第三名：美国杜克大学肿瘤学家有关乳腺癌的文章，引用次数：约300次。

杜克大学肿瘤学家安尔·波迪(Anil Potti)发明的肿瘤分析方法因被同行质疑而接受调查，最终被认定论文造假而被校方辞退。此外，这名科学家还被指控曾伪造简历。

第四名：美国梅奥医学中心发表的文章，引用次数：268次。

梅奥医学中心免疫学实验室的一名高级研究人瑟思·拉德汉克里纳(Suresh Radhakrishnan)被发现数据造假而导致至少10篇论文遭到撤销。

第五名：惠氏制药前雇员雌激素信号转导机制的研究文章，引用次数：232次。

惠氏制药公司曾经的研究人员鲍里斯·切斯克(Boris Cheskis)撰写的有关激素信号转导机制的两篇文章被认为数据"不可靠"而先后被撤。这两篇文章分别发布于美国《国家科学院院报》和《分子和细胞生物学》杂志。

(2) 按文章作者知名度排名

第一名：诺贝尔奖得主琳达·巴克(Linda Buck)的文章。

诺贝尔奖获得者琳达·巴克再次撤销了两篇文章，因为"关键结论无法重现"。

第二名：哈佛医学院干细胞生物学家的文章。

这篇2010年发表在《自然》上的文章被发现数据和图片存在问题而遭撤销，文章作者之一艾米·瓦格(Amy Wagers)也在美国霍华德·休斯医学研究院担任研究组组长。

第三名：哈佛大学心理学家的文章。

哈佛大学认定该校心理学教授、知名心理学家豪瑟(Marc Hauser)存在学术不端行为，要求其离职一年，同时，其发表在《认知》期刊上的文章也被撤销。

第四名：知名基因治疗学家被撤销文章。

因数据存在错误且图表存在复制，美国西奈山医学院基因与细胞医学系创始人、主任胡流清(Savio Woo)被撤销了6篇论文。

第五名：获得诺奖得主支持的"反应组芯片"文章。

这篇发表在《科学》上的涉及"反应组芯片"的文章被指缺乏合

适的实验对照而引发争议。文章作者所在的单位为西班牙国家研究委员会，包括诺贝尔奖得主理查德·罗伯特(Richard Roberts)在内的科学家表示支持该文章。《科学》主编也为此发表了“主编关注”。

【点评】

著名的《科学家》网站公布了2010年十大论文撤销事件，一些发表在《自然》、《科学》、《柳叶刀》等世界顶级刊物上的论文被曝光，其中有大名鼎鼎的诺贝尔奖获得者、哈佛大学教授等，都是些有头有脸的人物。具有讽刺意味的是，有些论文曾得到同行的大量引用、诺贝尔奖得主的力挺，甚至被《科学》杂志的主编吹捧。

近年来，国内外一些学者对撤销论文的特征、具体的撤销过程、撤销论文对科研的影响及危害进行了广泛和深入的研究。

撤销论文的表现形式多种多样，主要有：有明确证据证明文章侵犯了职业道德规范，例如，具有一稿多投、重复发表、剽窃、使用造假数据等行为；文章具有诚实性错误，如计算错误或实验错误；文章的结论不再有效；文章含有违背伦理道德的研究；该文发表时作者没有意识到的问题随着后续进一步研究得到解决，使得原文的结论被推翻；文章发表后，又有新的可获取的信息证明该文的结论是错误的。

值得注意的是，在当前以论文数量、刊物级别为准则的评价体系中，仅靠采用撤销论文的方法来减少错误、净化科研可能是很困难的，主要原因有很多，如撤销声明不详细、不广泛，各种学术不端行为不能准确验证，针对撤销执行的执行者及执行过程不能权威化、法律化等方面都在影响着撤销论文的效用。

国外有学者还研究了撤销论文作者的性别、学位、职称和资助级别，结果表明在这些因素中，除了作者的性别与撤销论文的发生率无关外，其余的因素都与之有关。从实习生到高级专家都存在撤销论文这种学术不端事件，“当事人”的学位及职称越高，对学术的危害程度越高，产生撤销论文的可能风险越大，而资助级别越高，被资助者屈从于资助机构的可能性就越大，产生撤销论文的可能性也就随之增加。

美国明尼苏达大学研究人员对3 427位科学家的一项调查统计表明，近1/3的科学家承认，从忽视研究中相互矛盾的事实到伪造数据，自己存在着这样或那样的问题。近些年来更有不少世界级著名杂志和著名大学的科学家卷入科学造假事件之中。正如上述案例材料所示，《科学家》网站公布的2010年十大论文撤销事件名单，该名单分别按照被撤销文章的引用率和被撤销文章作者的知名度进行排名，其中《柳叶刀》正式撤销了一篇发表于1998年的研究论文，这篇论文的主要作者安德鲁·沃克费尔德指出，疫苗接种可能会导致孤独症，其引用次数高达640次；诺贝尔奖获得者琳达·巴克再次撤销了两篇文章，因为“关键结论无法重现”。这些可谓是“影响深远”的研究成果都不同程度存在着这样那样的问题，可见科研诚信问题不容小觑。

2015年3月27日，《华盛顿邮报》在一篇题为“主要出版社撤回43篇科学论文剑指大面积‘同行评审’造假丑闻”的文章中称，英国大型学术医疗科学出版商——现代生物出版集团撤销了43篇生物医学论文，其中41篇论文的作者来自中国。有关记者在对部分被撤销文章的作者单位进行核实过程中表示，这么大规模公开拒绝中国学术界论文还是第一次，涉及其单位的文章第一作者有些是导师级通讯作者，属于业内权威，声誉明显受损。这次撤稿事件给我国学术界在国际上的声誉带来了严重的负面影响，也再次表明我国学术界、科学界仍然面临着学风浮躁、学术失范的严峻挑战，科学道德和学风建设形势严峻、任务艰巨。

为了避免此类事情的发生，人们不得不进行反思。对于编辑来说，应该把文稿送给真正的第一线专家、真正研究这个课题的同行审稿，建立起一支过硬的、优秀的审稿人队伍；对于审稿人来说，一定要有对科学事业高度的责任感，如果没有能力审稿，或者没有时间审稿，则不要勉强审稿。对于作者来说，尤其要自律。当你在得到“欢天喜地”的实验结果而急着想“一鸣惊人”的时候，多想想数据可靠吗？解释正确吗？还存在什么问题吗？很多时候，即便数据可靠、解释正确，因为缺乏对他人工作的全面了解，缺乏对自己工作的客观认识也会夸大自己工作的意义。不妨让我们回味一下微生物学奠基人、法国著名科学家巴斯德说过的话：“当你相信自己发现了一件重要的科学事实并热切地希望将它发表时，要将自己克制几天、几周、几年；要与自己斗争，想方设法推翻自己的实验，只有在一切相反的假说统统被排除以后，才将你的发现公布。”作为一名科技工作者，应该具备这点科学精神。

参考文献

[1] http://www.bioon.com/trends/news/468557.shtml.

[2] 赵金燕.撤销论文对于全球防治学术不端行为的意义和遏制作用[J].中国科技期刊研究，2015，26(6)：556.

[3] 翁鹭滨.学术期刊在治理学术不端行为中的责任和作为——黄禹锡造假事件的反思[J].中国科技期刊研究，2007，(18)1：73.

（刘学礼）

40. 为科学理论提供牢固的科学事实

——哈维和血液循环的发现

生理学作为生物学的一个重要分支，是研究生物体功能活动规律的科学。这门科学的种子自人类产生就已萌芽，但作为一门独立的实验科学却是近代的产物。1628年，英国医生威廉·哈维(William Harvey)经过长期的观察实验，终于在大量科学事实基础上发表了划时代的血液循环学说，为近代生理学的确立奠定了基础。正如恩格斯所说："哈维由于发现了血液循环而把生理学(人体生理学和动物生理学)确立为科学。"

哈维1578年生于英国坎特的福尔兹顿市，早年留学意大利帕都瓦大学医学院，他的导师就是发现静脉瓣膜的著名解剖学家法布里夏斯。哈维学成回国后，为了揭示血液流动的奥秘，他先后观察解剖了80余种动物，以后又在人体上做了大量实验。

科学只尊重事实，科学不崇拜偶像。在血液循环研究中，哈维不拘泥于权威理论及其思想方法的框架，以科学实验为方法，以科学事实为依据，考察前人的科学成果。他肯定古罗马名医盖伦关于活体血管有血无气、动脉输热血而不生热的正确观点，但同时对盖伦的错误观点进行了批判。盖伦认为，左右心室间隔具有小孔，血液通过小孔由右心室流向左心室。哈维指出，盖伦的这个观点是没有事实根据的。他发现："心脏间壁构造厚而且密，身体上除了骨与筋腱处，没有比它更厚更密的了。""而且左右心室间同时收缩和舒张即使有小孔也不能流过。为什么不反过来设想左心室的血液经过中膈流向右心室呢?”哈维认为,心脏间壁小孔是无据之说,而且事实上也确实没有这样的小孔。

哈维对盖伦肺静脉能通气的说法也通过实验事实提出了有力反驳,他把一头活狗的气管割断,用风箱把肺脏鼓大,然后再扎紧气管,当把胸部剖开时,发现肺叶中饱含了空气,但是在肺静脉和左心室中并没有储气现象。哈维设想:“如果心脏确是从肺脏吸取空气的,那么在上述的实验中,为什么看不到有更多的空气呢?如果肺静脉确有输送空气的功能,为什么它的构造却和血管相似而没有气管中软骨环的类似结构呢?”因此,哈维认为,肺静脉通气的观点同样是没有科学根据的。这样,就用实验提供的事实驳倒了盖伦的血流途径。

在血液循环研究中,哈维解剖了大量的动物。在实验中哈维发现,心脏的运动是血液循环的原动力,因而把血液流动的原因归于心脏的运动。为了确定血液在动静脉内的运行方向,哈维设计了著名的绳子结扎实验:用绳子结扎动脉,结果发现结扎的上方,即靠近心脏的那段动脉膨大起来,而且每一次心跳就有一次脉搏。相反,在结扎的下方,即远离心脏的那段动脉瘪了下去,没有血液,也没有脉搏。这提示,动脉里的血是从心脏来的。哈维又用同样的方法来观察静脉,结果所发生的情况正好相反。实验表明,动脉血流出心脏,静脉血流进心脏,血液是在血管中一刻不停地朝着一个方向流动。

在血液循环实验中,哈维还创造性地将数学方法运用于生理学的研究,摆脱了前人对生理现象粗糙笼统的研究方法,将生理学研究提高到定量水平。他对人体的血液流量做了细致的测量计算,他发现,每一心室的容血量约 57 克,心脏每分钟大约跳动 72 次,一小时内经心脏排出的血液应该是 $57\times72\times60=246\,240$(克),差不多有246千克，相当于一个人体重的好几倍。如此大量的血液离开心脏后流到哪里去了呢？显然，任何器官都无法容纳它而不被胀破。这些血液又是来自何处呢？唯一合理的解释是，血液在作循环运动，流出心脏和流回心脏的是同一部分血液。通过进一步实验和推论，哈维终于发现了血液循环规律。他指出，心脏就像一个"泵"，当它收缩的时候，就把血液压出来进入动脉；它从左心室流出，经过主动脉遍布全身，再经过腔静脉流入右心房，又经过肺循环而流回左心房。

哈维在实验基础上初步确立血液循环的思想，又力图通过反复的活体实验来证明自己的见解。他对活蛇进行了解剖。如果血液循环的思想是正确的话，只要扎住与心脏连接的静脉，血液便不能流回心脏，心脏就会变空变小；如果扎住与心脏连接的动脉，心脏就会因排不出血而胀大。哈维剖开蛇身，用镊子时而夹住静脉，时而夹住动脉，仔细观察心脏、动脉、静脉的充血变化，结果与预想的情况完全吻合。这个实验再次证实了：血液是从心脏排出，进入动脉，又从动脉流进静脉，再由静脉流回心脏，环流不息。哈维还观察了其他有血动物血液的运行情况，不但证实了血液循环的正确性，而且说明了血液循环的普遍性。

1628年，哈维经过长期的努力研究，用无可辩驳的实验事实、严谨的逻辑推理，发表了享有不朽声誉的《心血运动论》，令人信服地证实了血液循环的必然规律。哈维在血液循环研究中的卓越成就不仅体现了科学论证和逻辑推理的力量，建立了生理学和医学的重要原则，而且以自己的科学实验演示了自然科学最有效的研究程序。

【点评】

人们探索血液循环经历了漫长的过程。古罗马名气最响的医生盖伦认为，人的心脏只有左右两室，两室中间的隔膜上充满小孔，血液可以从右心室经过小孔流向左心室。在他看来,血液在血管里一会儿向这个方向流动,一会儿向那个方向流动,犹如潮汐,潮涨潮落,来回流动,最终消失在周围的组织之中。他还认为血液中含有3种灵气:肝脏产生的"自然灵气"、心脏产生的"活力灵气"和头脑产生的"动物灵气",企图以灵气的运动来解释人体心血管的生理活动。由于盖伦的"三灵气说"正和基督教"三位一体"的口味,于是得到教会的极力支持,被视为不容置疑的金科玉律,大家照抄照搬、因循沿袭,谁也不敢触犯这尊"科学偶像"。虽然当时有人试用探针,甚至用纤细的鬃毛都不能通过心脏左右室中隔,因而看到了盖伦学说的漏洞,但慑于权威和宗教势力,还是对盖伦学说深信不疑。

在欧洲黑暗的中世纪,科学只是教会恭顺的婢女,它不得超越宗教信仰所规定的界线,生理学的研究也和其他学科一样举步维艰。然而,科学只尊重事实,科学不崇拜偶像。无论传统的权威,还是教会的迫害,最终挡不住科学的脚步。经过人们前赴后继的探索、研究和论争,积累了大量的科学事实,血液循环理论呼之欲出。最终通过严密的实验方法揭开血液循环奥秘的是英国医生哈维。

在血液循环研究中,哈维不拘泥于传统理论及其思想方法的框架,敢于挑战权威,尊重科学事实,通过科学实验为科学理论提供牢固的基础。在科学研究中,为了获取经验材料仅仅靠科学观察是远远不够的。观察仅仅是搜集自然现象所提供的东西,而实验则是从自然现象中索取人们所期望的东西。换句话说,观察结果一般仅仅局限于描述自然事物的现象层面,而科学实验则是在人为变革、控制或模拟研究对象的条件下获取科学事实的研究方法,作为对客体的真正意义上的变革,实验更有利于揭示自然事物的本质,同时体现了人类更高的自觉能动性。

哈维运用实验方法,解剖了大量动物,积累了丰富的事实材料。他在解剖实验中发现,心脏的运动是血液循环的原动力,因而把血液流动的原因归于心脏的运动。为了确定血液在动静脉内的运行方向,哈维设计了著名的绳子结扎实验。在初步确立血液循环运动的思想基础上,哈维力图通过“反复的活体解剖”来证明自己的见解。在血液循环实验中,哈维还创造性地将数学方法运用于生理学的研究,摆脱了前人对生理现象粗糙笼统的研究方法,将生理学研究提高到定量水平。

科学知识区别于其他知识之处就在于它是实证的,是有职业化的学者进行生产的。这些学者不断建构新的理论,不断检验着彼此的工作,剔除那些不可靠的东西,充实经过验证的结果,而这些结果都是建立在实验基础之上的。实验是科学发现和技术发明的最主要途径,也是科学技术进步的主要动力。正如意大利著名艺术家达·芬奇所说:“科学如果不是从实验中产生并以一种清晰实验结束,便是毫无用处的,因为实验乃确定性之母。”对于科技工作者而言,认真开展实验、尊重原始实验数据是科学研究的基本道德准则。

参考文献

[1] 刘学礼.颠覆——重塑人类常识的20大科学实验[M].上海:上海文化出版社,2005.

(刘学礼)

学风篇

何谓学风?“从狭义讲,学风特指学生的学习风气;从广义上讲,学风包括学习风气、治学风气和学术风气。优良的学风是保证和提高教育质量的重要条件,也是教育质量的重要内涵,它体现了学校的办学观念和理念,体现了学校的校风和大学精神,体现了学校的历史积淀和教学传统,同时也反映了学校的办学和管理水平。”学风展现着学术机构的文化底蕴和机构成员的精神状态。良好的学风是一个学术组织的宝贵财富和重要资源,对学术活动必然产生积极的促进作用。本章节讨论的学风问题主要涉及研究生的学术风气,包括在科学道德、科学伦理、科学精神上的表现,以及对待学术工作的态度、诚实性与严谨性等。

众所周知,国内高校一向重视本科生教育,视之为“立校之本”。伴随着我国高等教育大众化发展和经济建设对高级专门人才与技术开发需求的增加,研究生教育逐步得到加强,很多高校现已将其视为“强校之路”。《关于深化研究生教育改革的意见》(教研[2013]1号)就指出:“研究生教育是培养高层次人才的主要途径,是国家创新体系的重要组成部分。改革开放以来,我国研究生教育取得了重大成就,基本实现了立足国内培养高层次人才的战略目标。”这是一件大好事!然而,随着我国研究生教育规模的扩张,研究生群体中出现学术不端行为的数量也在不断增加。这些学术不端行为的本质特征还是缺乏科学精神。关于学术不端行为的类别，教育部文件有明确界定。教育部《关于严肃处理高等学校学术不端行为的通知》(教社科[2009]3号)指出："高等学校对下列学术不端行为，必须进行严肃处理：(一)抄袭、剽窃、侵吞他人学术成果；(二)篡改他人学术成果；(三)伪造或者篡改数据、文献，捏造事实；(四)伪造注释；(五)未参加创作，在他人学术成果上署名；(六)未经他人许可，不当使用他人署名；(七)其他学术不端行为。"

"在当代社会，导致科研主体道德失范的原因是非常复杂的，除了科研活动自身存在着科学激励机制与科学规范结构的内在冲突外，还有诸多社会环境方面的外在原因。"据报道，2015年"3月，英国大型学术医疗科学出版商——现代生物出版集团撤销了43篇生物医学论文，其中41篇论文的作者来自中国。中国学者论文不端行为再次引起关注，而此次事件涉及中国学者数量之多、比例之高令人咋舌"。这样的大环境在一定程度上影响了研究生的学术理念。导致研究生学术不端问题屡屡产生的原因还有很多，笔者概括为：(1)学术评价指标单一。对研究生在学期间学习成果更多侧重于他们提交文章、专利等的数量和级别，较少看他们心身发展和道德修炼的程度。(2)学术不端处理乏据。由于学术不端行为查证困难，国内目前关于如何惩处学术不端行为的政策文件不多，且内容过于笼统，操作性不强，导致学术不端处理缺乏有效依据。(3)学术不端处理不严。由于"窃书不算偷"等传统思想影响及关乎导师、学校的声誉，且处理缺乏有效依据等等因素制约，导致对研究生学术不端行为的处理往往轻描淡写、走过场。由于对学术不端行为的处理不到位，实际造成不端行为收益高、代价低的现状，一些人受利益驱动，本着侥幸心理，容易产生学术不端行为。(4)学术不端者无知无畏。一些研究生对学术不端行为不甚了解，对学术不端的后果认识不足，平时缺乏科学道德修养的学习和训练，这也是导致其不端行为产生的重要原因。

鉴于高等学校等学术共同体内部学术不端行为频发的现实情况，国家层面做出了不懈努力加以治理。党的十八大报告指出，要把立德树人作为教育的根本任务，明显提高创新人才培养水平；《国家中长期教育改革和发展规划纲要（2010—2020 年）》（《人民教育》2010.1.7）指出："采取综合措施，建立长效机制，形成良好学术道德和学术风气，克服学术浮躁，查处学术不端行为。"为加强学术规范和学术道德管理，教育部于 2006 年 5 月成立了学风建设委员会。同时，为加强对高校学风建设的领导，有效遏制学术不端行为，教育部又于 2009 年成立学风建设协调小组，下设社科类学风建设办公室和科技类学风建设办公室；科技部于 2006 年 11 月发布《国家科技计划实施中科研不端行为处理办法（试行）》；中科协牵头组织了全国范围的《科学道德和学风建设宣讲教育》活动；中科协、教育部等 7 部委于 2015 年联合发布《发表学术论文"五不准"》。这些举措，从制度层面对学术不端行为加强监管，取得了积极效果。

本篇遵循上述治理工作精神，尝试通过对研究生学风问题若干案例的分析、点评，告知研究生基本的学术规范要求，以及违背学术规范可能产生的后果，帮助研究生树立正确的学术价值观，使研究生对学术研究目的、态度等方面做出正确的价值判断，从而指导其自身的学术行为。本篇列举的 7 个案例，涉及人文、社科、理、工、医等学科，在不端行为上涉及论文抄袭、数据造假等方面。尽管该篇罗列的负面案例较多，但在"当前，研究生的科学道德和学风建设主流是好的。从总体上看，研究生群体具有坚定正确的政治方向和良好的思想道德品质，学习勤奋，能够系统掌握学科专业的理论知识，能够积极参与乃至独立从事科研工作"。

当前，我们正处在一个快速变革的时代，信息极大丰富。我们的时间总显得仓促而且经常碎片化。如何利用好碎片化的时间进行有效的学习，同时，养成良好的阅读习惯，避免学习内容碎片化，以消除“抄袭”的内因，广义上说也是一个学风问题。在本篇最后，笔者以案例分析的方式附上自己对研究生阅读习惯的一点思考，与各位读者（尤其是青年学子）共勉。

参考文献

[1] 赵沁平. 要把学风建设作为高校的基础建设来抓[J]. 中国高等教育，2002(13—14)：3.

[2] 中国科学院. 科研活动道德规范读本[M]. 北京：科学出版社，2009.

[3] 徐玢. 遏制学术不端需改革人才评价[J]. 前沿科学（季刊），2015，9(33)：1.

[4] 曹国永. 多措并举大力推进研究生科学道德和学风建设[J]. 学位与研究生教育，2013(1)：9.

（吴宏翔）

41. 人生因抄袭而坠落谷底

——震惊尚有争议的事件

2013 年 7 月，北京大学历史系博士研究生于某某在《国际新闻界》期刊发表了一篇题为"1775 年法国大众新闻业的'投石党运动'"的学术论文。

然而，《国际新闻界》期刊于 2014 年 8 月出示的一纸公告称，于某某的论文涉嫌剽窃一国外论文，该文为国外学者格尔伯特的原作。期刊方且附上两论文全文，并在比对中用黄色标出了于某某具体抄袭的内容。从两文对比中可见，除了"摘要"和"结语"部分之外，于某某几乎全文"翻译"了格尔伯特的原作，多个段落甚至一字未改、原文照译。

此后，北京大学介入了该事件的调查，并于 2015 年 1 月 9 日召开了"北京大学第 118 次校学位评定委员会会议"，经认真讨论，决定撤销于某某的博士学位。

《国际新闻界》主编、中国人民大学教授陈力丹获悉该处理结果后表示有些意外，认为在国内这样的学术环境下，有些过重。

于某某本人也拒不接受校方的处理决定，并向校方提出申诉。2015 年 3 月 13 月，北京大学学生申诉处理委员会在认真阅读了于某某与北大学位评定委员会办公室提交的书面材料的基础上，按程序先后听取了于某某本人陈述并进行提问、听取了北大学位评定委员会办公室陈述并进行提问，再进行认真复查和充分讨论。最终，学生申诉处理委员会认为，北京大学学位评定委员会《关于撤销于某某博士学位的决定》其事实清楚、适用依据准确、程序规范。经表决，学生申诉处理委员会决定维持原处理决定，并将《北京大学学生申诉复查决定书》送达于某某本人。

2015 年 3 月 16 日，于某某发微博称，自己收到了北京大学学生申诉处理委员会工作人员送达的申诉复查决定书。她表示："非常遗憾，委员会决定维持北京大学学位评定委员会的原处理决定。本人不能接受这样的处理结果，将继续向北京大学上级主管教育行政部门提出书面和行政复议。"

此后，于某某在不同场合为自己辩解。例如，她在接受《法制晚报》采访时称，自己是国内第一个因毕业后发表文章涉嫌抄袭而被撤销博士学位的学生。她认为北大对她的处理过重，绝对不能接受这样的结果。她认为自己是一个有着学术信仰和研究热情的学者，并不是网上所说的"学术混混"。北大通报说其"承认抄袭事实"是失实的。在论文发表时间上，她为自己辩解说，北大处理决定上称我的这篇文章是"在校期间发表的"，而事实上我的这篇文章是在毕业离校后(即 2013 年 7 月 23 日)发表的，我的博士学位证书上的落款时间为 2013 年 7 月 5 日。为此，于某某表示，北大并没有因这篇文章撤销她博士学位的处理权限，而北大曾对媒体称，这篇文章属于"文责自负"。不过，于某某也承认自己确有失误，她说："那篇文章在客观上是否构成抄袭是有疑问的。我也绝对没有抄袭的主观故意，错误是因为我对杂志和文章定位有误以及写作经验不足导致的技术失误。"

至于事发后自己的处境，于某某说："今年我就 36 岁了，还没有结婚、没有正式工作，可以说是无家无业。异常紧张的学习生活导致我根本没有时间解决个人问题，错过了恋爱、结婚、生子的最佳时机。除了这个博士学位之外，我一无所有。现在连这个学位都被残酷地剥夺了，让我怎么活下去。这场灾难对我的身心健康、个人名誉、学术前途甚至未来生计都产生了严重影响。”

据此，于某某称，校内申诉失败，我会坚持维权到底，包括诉诸行政诉讼手段。

对于于某某涉嫌抄袭及其被撤销博士学位事件，部分北大教师存有不同看法。于某某的博士生导师、北大历史学教授高毅接受《澎湃新闻》采访时表示，感觉于某某不会做那种故意抄袭的事，她的过错可能主要就是因为没有搞清楚这篇文章的性质，所以这种错误的严重性不宜夸大。他并说：“于某某那篇出问题的文章投在《国际新闻界》那种传媒学杂志，实际上也只是一篇知识介绍性的传播文章而算不上史学论文，所以她在写作时就稀里糊涂地混淆了传媒文章和史学论文的界线，结果铸成此错。”高毅还透露，于某某抄袭的文章，在投稿前没有经他审阅，“因为她认为这只是一篇介绍性的传媒文章”，不是史学论文，就无须导师审阅，这当然也不对。但肯定的是，她发表的另外几篇经过我审阅的史学文章都从一开始就没有任何学术规范上的问题。而且据信，中国社会科学院世界史所对她一年多的博士后表现也是相当满意的。高毅坦言：“我个人认为，于某某虽然犯过这次偶然的过错，但她在校期间学习一直刻苦而且成绩优秀，实际上是一个酷爱人文学术、学术潜质也很不错的青年学者，而且这辈子除了做学问她已别无他图，学术几乎就是她的全部生命。了解她的人都相信，如果就因为这么一次偶然的失误而被剥夺了博士学位从而断送了学术生命，她将陷入绝望。”

【点评】

于某某案一经发生，便引发社会舆论和公众的极大关注，一方面是因为“北大”、“博士”、“学术造假”等字眼足够吸引眼球，另一方面是因为案件本身的巨大争议。对于北大决定收回于某某博士学位的处理结果，不论是她的导师，还是学者、媒体，甚至包括揭发这起事件的刊物主编，都认为处罚过重，并报以同情的态度。于某某本人更是对处理结果大表不服，她先是向北京市教委提出了申诉，请求撤销北大的决定。未果后，又向北京市海淀区人民法院提起了行政诉讼，希望通过法律手段来维护自己的权益。

截至目前，案件仍在等待法院的宣判，未有最终定论。但是，不管最终法院宣判结果如何，也不论北大的决定是否会被最终推翻，在本案中，有一点是十分清楚的，那就是于某某在《国际新闻界》上所发布的那篇涉案论文，的确存在大面积抄袭的行为。即便作者一再宣称，论文是在毕业后发表的，且文章的性质只是知识介绍性的传播文章而不是严格意义上的学术论文，但是这些都无法改变她"抄袭"的事实。对于这一点甚至连她本人也从未否认过，她承认是由于自己"稀里糊涂地混淆了传媒文章和史学论文的界线，结果铸成此错"。她还坚称自己"绝对没有抄袭的主观故意"，而将错误的原因归结为"对杂志和文章定位有误以及写作经验不足导致的技术失误"。

显然，于某某并未认识到自己错误的根源所在。北大校方的处理结果是否过重，尚有争议余地和空间，但作者本人涉嫌"抄袭"却是铁的事实，无法改变。北大最终的处理结果与抄袭事实的认定是两件事，不可混为一谈。抄袭事件在前，北大处理在后，两者虽然构成因果关系，但北大的处理结果并不影响对抄袭事实的认定。哪怕作者宣称"绝对没有抄袭的主观故意"、"定位有误"、"写作经验不足"这几点理由完全成立，那她就不应该为自己的过错承担相应的责任吗？对杂志的"定位有误"就能够随意侵犯他人的著作权，直接把他人的文字和观点不加任何说明就据为己有吗？"写作经验不足"就能让"抄袭"变得合理、合法化吗？答案是显而易见的。

其实，在这起事件中，当事人之所以犯错，根源在于她学风不够端正、严肃，缺乏严谨、认真、细致的治学态度。在历史学界流传着一句名言:“板凳甘坐十年冷,文章不写一句空!”意思就是,要想在这个领域有所建树,就必须有一种甘坐冷板凳、精益求精的奉献精神,并抛弃一切急功近利、马虎大意的思想,否则就难以做出优秀的学术成果;同时,这也表明,作为一名历史学者,其艰辛和艰苦程度,往往相较于其他专业要更甚许多,非精神坚毅、吃苦耐劳、耐得住寂寞之人难以胜任。事实也是如此,中国古代著名历史学家司马迁、班固,近代史学大家钱穆、陈寅恪等人的事迹和经历无不一次又一次地证明着这个道理。反观于某某,显然缺乏上述精神,急于发表自己的成果,为此不惜以牺牲论文的学术质量为代价,这正是她犯错的深层原因之所在。故意抄袭是严重的错误,粗心大意同样是大忌,不论此次事件的真实原因究竟是哪种,作为一名本该把客观、细致、严谨作为自己基本专业素养的历史学者,于某某的上述行为都已经严重触犯了学术道德的底线。从人情角度而言,于某某的处境固然值得同情,但是对广大后来者而言,其深刻而惨痛的教训更加值得人们反思和吸取。

参考文献

[1] 北大调查“博士生论文抄袭”事件[N/OL]. 北京青年报,2014-08-24[2016-6-29]. http://epaper.ynet.com/html/2014-08/24/content_81164.htm? div=-1.

[2] 北大维持撤销“抄袭”女博士学位决定[N/OL]. 南方周末,2015-03-17[2016-6-29]. http://www.infzm.com/content/108315.

[3] 诉北大要求恢复博士学位,于艳茹开庭日称要摘掉学术混混帽子[N/OL]. 澎湃新闻,2015-10-14[2016-6-29]. http://www.thepaper.cn/newsDetail_forward_1384949.

(潘星)

42. 几乎一字不差的硕士学位论文抄袭事件

2016年1月底，上海媒体“澎湃新闻”(www.thepaper.cn)和四川的《华西都市报》先后刊发报道，揭露两篇金融学专业的硕士学位论文高度相似雷同，存在学术造假嫌疑。其中，一篇论文的作者是东北师范大学金融学专业硕士毕业生张强，其论文题目是“我国货币政策对股票市场的效应研究”，另一篇的作者是西南财经大学金融学专业硕士毕业生杨某，其论文题目为“我国货币政策对股票市场的效应研究”。

张强的学位论文完成于2009年5月1日，而杨某的学位论文则完成于2009年12月1日。就完成时间来看，张强的论文在前，杨某的论文在后，两篇论文的完成时间前后相差大约半年。通过比较发现，两篇论文无论是题目、摘要、关键词、参考文献，还是正文各章节，都存在高度雷同，几乎到了一字不差的程度。《华西都市报》的报道称：“两篇论文相似率惊人，用肉眼很难找出不同。”而“澎湃新闻”记者通过对比也发现：“除了中英文摘要、关键词等部分个别用词有所不同，两篇同题论文全篇均高度相似，而两篇论文文末列出的40处中英文参考文献竟一字不差。”这两篇论文不仅在结构、目录上完全一样，在主体的正文部分，从各章节的大小标题到具体内容的文字叙述，基本都完全一致。正如报道所说，对比两篇论文，“要找出不一样的地方，才是真正的困难之处”。很明显，两篇论文中必有一篇抄袭了另一篇，属于严重的学术不端行为。

两篇论文都附有独创性声明，但从完成时间上来判断，张强论文在前，杨某论文在后，只有可能是杨某论文抄袭了张强的论文，而不大可能是张强抄袭杨某的论文。事件一经媒体报道，很快就得到当事人和涉事高校的确认。张强在接受“澎湃新闻”的记者电话采访时表示：“自己的硕士学位论文绝对是原创的，也从没有给人借鉴过，至于为什么有别人的论文与自己的论文高度相似，自己完全不知情。”西南财经大学宣传部相关负责人在答复记者询问时，则表示：“西南财经大学确实已经在2014年就接到了学生的举报，学校也早已在2014年对该事件作出了处理，学生杨某的硕士学位也已经在2014年就被取消了。”至此，事情的真相水落石出，杨某论文抄袭张强论文属实无疑。

事件发生后，杨某在西南财经大学就读时的导师，该校金融学院教授、资本市场与资产管理研究中心主任陈永生对媒体表示：“自己并不知道杨某论文涉嫌抄袭的事情，并且金融学院多年前也没有启用‘查重’系统。”他还强调：“老师不可能保证看得出来论文抄袭，可以说没有任何一个老师有这个水平，因为论文太多了。”而该校研究生院一名工作人员则在接受记者采访时表示，2009年时，学校尚未出台明文要求学位论文“查重”的规定，但已开始对硕士、博士论文采用“查重”检测，自己并不清楚2009年毕业的硕士生论文是否存在问题，“要是检测出问题肯定不会让这个学生毕业，不会让他拿到学位的”。

【点评】

近期，媒体相继曝光了多起研究生学位论文抄袭、造假事件，包括山东大学陈某的硕士学位论文《档案开放利用与信息安全保障研究》抄袭事件、东北财经大学袁某的硕士学位论文《山东省 FEEEP

协调度研究》抄袭事件、西南政法大学马某的硕士学位论文《侵权行为法在民法典体系中的独立问题研究》抄袭事件、厦门大学李某的硕士学位论文《违约损害赔偿研究》抄袭事件、吉林大学李某的硕士学位论文《基于近景摄影测量和模式识别技术的直升机落点位置自动测量研究》抄袭事件、安徽大学刘某某的硕士学位论文《王莽、刘秀以儒治国之比较》抄袭事件、东北师范大学李某的硕士学位论文《二月河及其帝王历史小说》抄袭事件，等等。相较之下，杨某论文抄袭事件只不过是近期曝光的这一系列论文抄袭事件中，较具有代表性和典型性的事件之一。

综合分析以上抄袭事件，有几个显著而共同的特点，那就是：(1)抄袭的程度之深，篇幅之大，抄袭手法之粗糙、恶劣，抄袭者胆量之大，已经到了肆无忌惮的地步；(2)事件发生后，当事人曾经的导师都急于撇清自己的干系，试图推卸责任，缺乏认真像样的反思；(3)事件得到认定后，相关高校大多做出收回学位的处理决定，当事人为自己的过错付出惨痛的代价。具体到杨某论文抄袭事件，这3个特点可谓体现得淋漓尽致。几乎一字不改的抄袭，说明他根本就没有把学位论文的写作当成是对自己学术水平的一次重要检验，根本就没把学位论文当回事，只是把它视作换取硕士学位的工具而已，其学习动机和出发点从一开始就存在严重的问题。同时，当事人的胆量之大，学习态度之恶劣，也到了令人震惊的地步。胆敢一字不改地进行抄袭，说明他并不认为自己的不端行为会被及时发现。事实也是如此，他已经成功地骗过了导师和学校的各道监管程序，并拿到了学位。若不是有人举报和媒体曝光，其势必继续逍遥法外，并继续通过抄袭而来的学位获得各种利益。

不难看出，在这起抄袭事件以及近期的一系列类似事件中，当事人最初都成功地骗过了学校的监管体系并获得学位，而这种结果的出现，显然相关导师和学校本身都难辞其咎。

当前,国内高校研究生教育普遍实行导师制,导师理应对学生的学位论文的质量,对学生学术科研过程中遵循学术道德和学术规范的情况,负有首要且直接的责任。教育部颁发的相关文件中明确

导师的责任

规定:“导师是研究生培养的第一责任人,负有对研究生进行学科前沿引导、科研方法指导和学术规范教导的责任。”“研究生发生学术不端行为的,导师应承担相应责任。”毫无疑问,在研究生论文写作过程中,导师理应尽心竭力、全心全意对学生加以指导,并及时指出问题和错误,严格把控论文质量。正所谓“严师出高徒”,以论文太多看不过来或是没有“查重”系统为由,而推脱自己作为一名导师应尽的职责,这显然不合为师之道,也难以称得上是一名合格导师。“教不严,师之惰”,身为导师,作为学生论文质量的第一责任人,却

没有尽到自己应尽的职责和义务，正是这类论文抄袭事件一再出现的重要原因。

学校的监管缺位，相关的监管措施和体系难以发挥实效，是这类事件频发的另一重要原因。上述抄袭事件，实际发生的时间多在2010年以前，也就是在各高校正式启用论文“查重”系统之前，但是事件被揭露的时间，却都是在数年之后。在某种程度上，可以说，正是“查重”系统的启用，才使得这一批学术造假者显露原形，并为之付出了代价。而反过来，这也表明，各个高校原有的那套学位论文质量监管体系，存在不少的漏洞，未充分发挥应有的作用。同时，在“查重”系统启用后，抄袭事件并未杜绝（山东大学陈某抄袭的论文就是完成于2013年4月），这也表明，仅仅依靠“查重”系统，并不能一劳永逸地根治这类学术不端现象。

“十年树木，百年树人。”研究生教育作为我国人才培养的最高层次，国家为每位研究生的培养投入了大量资源，抄袭事件的发生，不仅让研究生本人付出了惨重的代价，也使得国家的投入打了水漂，致使资源严重浪费，同时也使得涉事高校、导师的学术声誉和形象遭受损失。显然，无论是对国家、涉事高校、导师，还是对研究生自身而言，这类学术不端事件，都是百害而无一利。要切实改变这种局面，杜绝上述事件的发生，则必须多管齐下：一方面不断加强学风建设，营造良好的学术氛围，并进一步完善学术制度规范，不断加大监管力度；同时，对导师和研究生本人，也要有针对性地开展教育，尤其是在日常的学术科研活动中，要养成严守学术道德、谨遵学术规范的良好习惯，从一开始就做到谨守底线。

参考文献

[1] 西南财大硕士论文被曝抄袭几乎一字不差[N/OL]. 2016 - 01 - 31

[2016－06－29]. http://news. xinhuanet. com/legal/2016－01/31/c_128688598. htm.

[2] 西南财经大学一硕士论文涉嫌大面积抄袭，仅“后记”差异较大[N/OL]. 2016－01－28[2016－06－29]. http://www. thepaper. cn/newsDetail_forward_1426525

[3] 山大论文抄袭，被抄者竟早有所知？[N/OL]. 2016－01－29[2016－06－29]. http://yuqing. cyol. com/content/2016－01/29/content_12133546. htm.

[4] 网友曝光硕士论文抄袭：文章除地名外一字不改[N/OL]. 2009－05－25[2016－06－29]. http://news. qq. com/a/20090525/000121. htm.

[5] 名校再现学术不端：厦大一硕士学位论文涉嫌抄袭西政学生论文[N/OL]. 2016－05－03[2016－06－29]. http://money. 163. com/16/0503/18/BM5LGHD400253B0H. html.

[6] 吉林大学现“最牛论文抄袭”：大多雷同狂赞导师[N/OL]. 2016－03－17[2016－06－29]. http://cul. sohu. com/20160317/n440721196. shtml.

[7] 安大再现抄袭与前日曝光抄袭者系同门同届[N/OL]. 2016－03－22[2016－06－29]. http://news. 163. com/16/0322/15/BIP81JFG00014AED. html.

[8] 东北师大严处硕士论文抄袭：涉事学生学位被取消[N/OL]. 2016－03－18[2016－06－29]. http://news. 163. com/16/0318/16/BIF26BRP00014AED. html.

[9] 教育部、国家发展改革委、财政部关于深化研究生教育改革的意见（教研[2013]1号）[EB/OL]. 2013－03－29[2016－06－29].

（潘星）

43. 因署名而受牵连的论文抄袭事件

2009年4月，辽宁大学副校长陆某某与北京师范大学哲学与社会科学学院2006级博士研究生杨某合作，在国内权威期刊——《哲学研究》上发表了题为《何为"理论"?》一文。时过仅2月，即2009年6月12日，该文被指涉嫌抄袭了云南大学讲师王凌云的原名为《什么是理论(THEORY)?》的文章。王凌云所撰论文完成于2002年12月，2003年5月发表于私人网站"蜥蜴子"论坛以及公开出版的《词的伦理》一书中。该文曾被"中国学术论坛"和"左岸会馆"转载，转载时间分别是2004年1月12日和2004年1月14日，网上文章的落款为"一行 2002年12月28日于海甸岛"，文章来源为"蜥蝎子"论坛。

由于王凌云的文章曾被多家网站转载，因而多家网站都能为王凌云作证。例如，"朝圣山之思"网站站主海裔和"道里书院"的总版主柯小刚等皆可证实《什么是理论(THEORY)?》一文的作者确是王凌云。于是，王凌云将所有能证明陆、杨抄袭的材料送公证机构进行公证。

对于陆、杨的抄袭行为，王凌云在接受采访时表示："我不想妨碍任何人的前途与事业，但是，属于我自己的正当权利我一定会争取，因为他们伤害了中国学术。"王凌云要求陆、杨俩人必须在媒体上公开承认抄袭且向其道歉，同时应向《哲学研究》杂志告知这一侵权事实，促使《哲学研究》将该论文的著作权归还给他，此外，他还须获得必要的经济赔偿。

此后,《东方早报》也组织专家对《什么是理论(THEORY)?》与《何为"理论"?》作了比对,发现两文的重合率达 80%以上,即陆、杨两人除对王凌云的文章仅在开头和结尾部分稍有改动、添加一些句子或某些句子做局部修改之外,其余内容原封不动地抄袭。至此,陆、杨的抄袭行为已确定无疑。

据《北京晨报》报道,辽宁大学校方于 6 月 5 日介入调查,确认陆、杨的抄袭事实后,该校党委书记王山同志即找陆某某本人了解情况、确认事实。据陆某某说,杨某的本科及硕士阶段均在辽宁大学就读,其硕士生导师就是他。杨某从辽宁大学毕业后,即考入北京师范大学,成为博士研究生。数月前,杨某给他邮来多篇论文,称"要准备博士毕业论文,请老师修改"。陆某某阅后便从中挑出两篇做了修改,其中包括《何为"理论"?》一文。此后,杨某又打来电话,说想在期刊上发表该文,但需要有陆某某作第一署名,陆某某询问了杨某,确认该文是杨某本人所写后,同意了杨某的要求。有鉴于此,辽宁大学校方认为,尽管陆某某是《何为"理论"?》一文的第一署名人、杨某是第二署名人,但论文抄袭事件仅是杨某一人所为,而陆某某的署名仅为有助于学生发表论文而已,属非直接责任人。

事发后,杨某承认《何为"理论"?》一文确系数年前从网上下载、抄袭。随即,北京师范大学做出处理,中止其正在进行的学位申请流程,这意味着杨某失去了获得博士学位的资格。而事件的另一位当事人陆某某,在多方的压力之下,也不得不就"涉嫌抄袭"事件做出个人检查。在辽宁大学为此事件召开的专题会议上,他检讨道:"第一,在抄袭事件中,集中反映了自身的政治素质和导师修养的缺失,负有重要的不可推卸的责任。第二,抄袭事件给各方面带来了相当大的负面影响。给原作者王凌云在著作权益等方面带来了不可挽回的伤害,对此向王凌云表示深深的歉意;给《哲学研究》杂志甚至是哲学界带来了严重的负面影响，对此表示歉意；对辽宁大学的声誉和形象带来了负面影响，对此也表示歉意。第三，对网络和媒体的善意批评表示真诚的接受。”

【点评】

在该起事件中，事件本身的事实与对错都十分清楚，大面积抄袭、剽窃他人的学术成果，显然已经严重违背了学术道德和学术规范，作为事件当事人理应为自己的过错付出代价。问题的复杂性在于，涉案两位当事人过错和责任的划分。就事件最后的处理结果而论，作为学生的杨某承担了大部分的责任，可谓代价惨重，而作为导师和涉案论文第一署名人的陆某某仅仅只是做了一个自我检讨而已。对于这种处理结果，不少舆论和学者都认为有失公允，如杨玉圣（中国政法大学教授）、王建民（山东大学教授）、许章润（清华大学教授）、黄安年（北京师范大学教授）、李世洞（武汉大学教授）5 位学者就联名发出公开信，认为陆某某这是“由做徒弟的做替罪羊或牺牲品”，并敦促他立即引咎辞职。在这起“抄袭门”事件中，陆某某究竟扮演了什么角色，起了哪些作用，作为外人已很难说清。但是，即便如辽宁大学校方和陆某某本人所称，只是为了帮助学生发表论文，被学生蒙蔽和连累，这也无法完全解除对陆某某学风和师德的拷问。

2004 年教育部印发的《〈高等学校哲学社会科学研究学术规范（试行）〉的通知》中，明确规定：“不得以任何方式抄袭、剽窃或侵吞他人学术成果。”“学术成果的署名应实事求是。署名者应对该项成果承担相应的学术责任、道义责任和法律责任。”按照该规定，学术成果的署名权与对学术成果的责任是对等的。在本事件中，涉嫌抄袭的论文，陆某某是第一作者，且论文在投递发表之前，是经过他审阅并同意的，所以论文最后出了问题，他显然负有不可推卸的责任。

倘若作为一名品行端正、学风严谨的高校领导、博士生导师，理应在学生向他求助之时，就对论文加以仔细审读，并认真指导修改，最后再推荐给合适的刊物。这才是正确的为师为学之道，而非临到东窗事发再将责任一推了之，既贻误学生，又有违学风和师德。

近年来，类似上述这种学生、导师联合署名发表论文，最后被曝涉嫌学术不端的事件时有发生。而最后的处理结果几乎都与上述事件别无二致，多半是由学生承担主要责任，而导师则要么装作不知情，要么大表无辜，最终得以减轻乃至逃脱制裁。多人合作产出的学术成果由参与合作者共同署名，这早已是国际惯例，只要按照对研究成果所做贡献大小的顺序署名，并承担相应的责任即可，本无可厚非。但是，现在不少导师既没有对学生的科研尽到指导之责，也谈不上对学生的论文有实质性贡献，却积极于在学生取得的成果上署名，还不愿意承担由此带来的风险和责任。这正是导致上述事件一再发生的主要原因。

当然，这种事件之所以层出不穷，与当前的整体的学术风气和制度设计也有莫大的关系。近年来，国家一再出台文件要求各高校和学术机构加强学风建设，遏制学术不端之风，但成效却难言乐观。为了发表一纸论文而不惜铤而走险的大有人在，且屡禁不止。导致这种现象的根本原因则是现行与论文发表挂钩的学术评价机制——论文不仅是学生毕业、求职的重要砝码，而且也是老师职称晋升、争取科研项目和经费的阶梯，如此一来论文就异化成获取利益的工具。正如有评论所指出的："当越来越多的人产生论文需求、而发表论文的市场却极其有限时，就很容易衍生一些权钱交易、导师署名的潜规则。"因此，要切实减少甚至杜绝上述现象的发生，首先就要大力净化学术风气，并在制度上加以改革，改变当前这种论文与学位、职称、待遇等利益相挂钩的机制。只有当论文不再被工具化、利益化之时，类似的抄袭事件才有可能真正地销声匿迹。

参考文献

[1] 五教授联名敦促辽大副校长辞职陆杰荣就“涉抄袭事件”道歉[N/OL]. 2009-06-23[2016-06-29]. http://news.sina.com.cn/c/2009-06-23/071115834209s.shtml.

[2] 请辽宁大学副校长陆杰荣引咎辞职[N/OL]. 2009-06-26[2016-06-29]. http://www.infzm.com/content/30583.

[3] 教育部关于印发教育部社会科学委员会〈高等学校哲学社会科学研究学术规范(试行)〉的通知[EB/OL]. 2008-04-25[2016-06-29]. http://www.moe.edu.cn/publicfiles/business/htmlfiles/moe/s3103/201001/xxgk_80540.html.

[4] 辽大副校长陆杰荣在“抄袭门”中扮演什么角色?[N/OL]. 2009-06-16[2016-06-29]. http://news.163.com/09/0616/15/5BUJSUD8000120GR.html.

[5] 辽大召开关于陆杰荣“涉嫌抄袭”事件会议[N/OL]. 2009-07-09[2016-06-29]. http://edu.people.com.cn/GB/145827/146109/159953/160384/9623740.html.

（潘星）

44. 一个博士研究生学术生涯的毁灭
——米切尔·拉克的学术造假及其后果

拉克

初次接触米切尔·拉克(Michael LaCour),你根本无法抗拒的是这个人的魅力。他被称为“吉祥物”。一个认识他的女生凯迪·塞维亚在谈到他时说,他真的是一个极好的吉祥物,我们都愿意在他周围转,他很聪明,有很好的工作伦理与热情。但是事实上却并非如此简单。

米切尔·拉克是加利福尼亚大学洛杉矶分校(UCLA)的政治学博士研究生,2015 年他将毕业。毕业前半年,也就是 2014 年 12 月,拉克与其导师唐纳德·格林在《科学》杂志共同发表了一篇文章,其大意是围绕同性恋者权利与婚姻的话题,通过与同性恋拉票者简短的个人交谈,能够对加利福尼亚投票者关于这些问题的态度产生大的、持续的转变影响。该文发表后产生了不小影响,对其他政治科学研究者的方法论、活动家的策略以及奖金分配产生了很大影响。这篇文章的发表,使拉克找工作异常顺利,他获得了普林斯顿大学的职位。

但是,一个名叫大卫·布瑞克曼在重复其实验的过程中发现了其中存在的学术不端问题。这个大卫是来自加州大学贝克莱分校的博士研究生，也是第一个尝试重复这个研究的学生。他发现，根据拉克的做法，他调查了1万个样本，其中给每个人补偿100美元，但是这样一来其费用达到了100万美元，而这对于一个学生和任何一家调查公司来说都是难以承受的。这个发现让布瑞克曼有些困惑。他开始进一步的调查。他向拉克曾经委托的那家公司uSamp发出请求，但是却发现拉克根本没有与这家公司合作过，事实是拉克伪造了与uSamp公司代表的通信。更为严重的是，拉克本人自己伪装成那家公司的代表。于是，布瑞克曼继续调查。2015年5月16日，他们发现拉克研究中的数据与一家非常有名的政治科学数据库——合作运动分析项目(CCAP)——的数据出奇地一致。经过测试，布瑞克曼与同伴确认拉克拷贝了这个数据库的数据，仅仅是替换了CCAP中的一些数据。2015年5月19日，他们发布了27页的报告，里面说明了拉克论文中的所有不规范之处。

随后的事情进一步暴露了拉克的错误。哥伦比亚大学政治科学教授以及EGAP网站的指导马卡坦·哈曼费瑞斯(Macartan Humphreys)，指出他与拉克之间曾经有过邮件交换。在社会科学界一种常见的做法是：在做实验之前，研究者会向有关机构预先注册他们的实验，比如打算解决什么问题，预备得出怎样的结果。拉克先是给EGAP网站发送了一份PDF文件，说该PDF是其中一个实验预先注册的证据，因为EGAP网站在这个实验预先注册之后会自动生成的文件。但是哈曼费瑞斯发现EGAP网站并没有这样的自动生成系统。于是进一步询问情况，拉克辩称这份文件是以前根据EGAP网站的指导提交的课程作业的申请，而这仅仅是一份说明。但是后来拉克却把它当成EGAP网站的注册说明，而这是发表文章的重要前提。

在随后的日子里，拉克更多的不端行为被发现。当谈到研究中使用的原始数据时，拉克说UCLA的指导手册要求他破坏原始数据集，而实际上手册仅仅要求研究者破坏一些独特的标示。另外，拉克还有撒谎，在他向普林斯顿大学申请工作的简历中，编造了从来没有获得过的奖金以及从来没有的教学奖励。

他的导师唐纳德·格林完全没有预料到拉克会伪造数据，而是完全采信了拉克的发现，在得知拉克造假的消息后，格林立即向《科学》提出了撤稿请求。最后的结果是普林斯顿大学撤销了他的工作邀请，而布瑞克曼成了斯坦福大学26岁的终身教授。

【点评】

米切尔·拉克的错误不是一个单一的作假，他被揭穿是一系列的问题。他的问题至少表现在3个主要方面的谎言：(1)研究的预注册问题；(2)论文发表中的错误；(3)求职过程中的过失。就第一个问题而言，他造假PDF文件让外人相信他已经完成了研究预注册的手续，当EGAP的指导质问他的时候，他谎称是自己搞错了，之后含糊过关，这是谎言之一。在论文发表中的错误主要集中在3个方面：首先是在发表过程中编造数据，比如100万美元的调查经费，他本人是没有的，但是他的文章数据的调查显示是基于这样一个经费支持上产生的结果；还有他伪造与uSamp公司的通信，以便让他人相信，他借助该数据调查公司来完成其调研；再者就是他抄袭CCAP公司的数据，来支撑他的研究结论。这是谎言之二，也是问题最集中的地方。在求职过程中他编造了一些获奖的信息，让普林斯顿大学产生误判，这是谎言之三。拉克的学术不端行为出现后，各大学官网、媒体进行了很多评论与反思。纽约城市大学巴鲁学院将其作为最新案例报道，美国博客(AmericaBlog)、洛杉机时代(Los Angeles Times)等媒体进行了跟踪报道。可以说，这个案例的社会影响很大。拉克的行为最终产生的后果是：因为造假，文章被《科学》杂志撤回，在普林斯顿大学的工作也完全泡汤。而相反，揭发他的另外一个研究生布瑞克曼则因为其认真的研究态度得到了斯坦福大学的肯定。

对于拉克事件,美国社会开始普遍反思。比如,提到了至少3个方面的问题:(1)如何减小年轻研究者在超大竞争力的科研世界中的压力;(2)需要更多地公开关于社会科学如何伪造数据的资料;(3)重新思考年长者在他们没有从事的研究中合作署名的问题。

可以说,这一事件是发生在国外博士研究生身上的,但对国内研究生也有着深刻的教育意义。仔细反思至少能够得到如下的经验与教训:(1)拉克为什么会出现造假行为?从大环境上看,是科研竞争力对于年轻人而言普遍增大。随着毕业的博士研究生越来越多,就业成为学生最大的问题。如何找到好工作?如何迅速在科研圈内站稳脚跟,走好自身的科研学术之路?是每一位研究生都要面临的问题。现在一种普遍的情况是压力越来越大。但是,在同样的压力增大的环境下,国内外学生所面临的问题有所不同。美国学生经历的教育特点是从宽松渐入紧张,这使得他们能够在逐渐变得紧张的过程中适应外部压力加大的环境,出现造假问题是某些学生急于求成的结果,这有些类似于小保方晴子。但是中国学生的教育特点是从紧张逐渐宽松,这使得他们在逐渐宽松的过程中,由于不具备相应的适应能力,从而面对压力加大的环境,铤而走险,从而犯错。所以需要区别对待每一位学生。(2)拉克的行为的后果。拉克造假的后果是非常严重的:丢失了即将获得的工作,普林斯顿大学是美国著名的高校之一,获得其工作职位极难。此外,文章因为学术造假被撤回,这使得他的学术之船还未起航便已折帆,让人感到可惜。最后他也失去了很多朋友的信任。他以前的朋友都认为他人好、聪明,有着强烈的荣誉感,可是这件事情让他失去了很多朋友的信任。所以,他终究丢失的是"信任":同学的信任、导师的信任和社会的信任。所以,每一位研究生都要思考,面对竞争日益增大的学术环境，作为一名受过3年专业训练的学生，如何尽快适应才是最重要的，而不是通过其他的方式去获取。只有苦练内功才是最为有效的方法。(3)如何对待上述的信任，尤其是导师的信任？信任是双方的、相互的，任何一方的违约都会解构信任。一开始，拉克的导师格林教授并没有去追问数据的真实性，因为他相信自己的学生的品质。但是当他知道自己受到愚弄的时候，就立刻申请《科学》杂志撤稿。这是老师和学生之间的信任被破坏的情况，而之所以破坏就在于拉克的作假行为。还有编辑与导师之间的信任被破坏。格林是普林斯顿大学著名的政治学教授，所以当编辑看到格林的名字的时候，出于对他的信任，直接采用了这篇文章。但是事情的结果超越了他的信任。

另外，这件事情也需要引起导师们的反思。现在导师与学生合作署名的文章越来越多，大多数情况是学生借助导师的名气发表文章。在这一过程中，导师的监管作用有些薄弱。这种情况也需要区分：有些情况是导师对学生完全信任，所以出现了监管薄弱；但有些情况是导师没有足够精力去监管，所以出现了问题。对于导师而言，需要意识到，如果同意与学生联合署名发表文章，就意味着对这篇文章要承担责任，否则就意味着失职。这种事情在国内也频有发生。

参考文献

[1] Carey, Benedict. Study using gay canvassers erred in methods, not results, author Says [OL]. *New York Times*, 2015-05-29. http://www.nytimes.com/2015/05/30/science/michael-lacour-gay-marriage-science-study-retraction.html.

[2] Guterman, Lila. Author retracts study of changing minds on same-sex

marriage after colleague admits data were faked [OL]. Web log comment, 2015 - 05 - 22. http://retractionwatch. com/2015/05/20/author-retracts-study-of-changing-minds-on-same-sex-marriage-after-colleague-admits-data-were-faked/.

[3] Morin, Monte. Researcher accused of fraud in gay marriage study responds to critics [OL]. *Los Angeles Times*, 2015 - 05 - 29. http://www. latimes. com/science/sciencenow/la-sci-sn-retraction-response-20150529-story. html.

[4] Singal, Jesse. The largest funding source listed on Michael LaCour's CV Is made-up [updated] [OL]. *New York Magazine*, 2015 - 05 - 26.

[5] Drew Foster. Will Academia Waste the Michael LaCour Scandal? [OL] http://nymag. com/scienceofus/2015/06/will-academia-waste-the-michael-lacour-scandal. html. 2015. 6. 5/2016. 4. 23.

（杨庆峰）

45. “最牛论文抄袭”

——吉林大学毕业生李某硕士学位论文抄袭案

2016 年 2 月，“澎湃新闻”的记者接网友曝料，称吉林大学应用数学专业 2008 届硕士毕业生李某的硕士学位论文有严重抄袭问题。出于记者的敏感和职业精神，该记者从中国知网下载了李某的学位论文《基于近景摄影测量和模式识别技术的直升机落点位置自动测量研究》（以下简称为“李某论文”，论文完成时间为 2008 年 4 月），和疑是被抄袭的南京航空航天大学机械制造及其自动化专业 2007 届硕士毕业生朱笑笑的学位论文《基于近景摄影技术的直升机落点位置测量研究》（以下简称“朱某论文”，论文完成时间为 2007 年 3 月）。

经过认真对比研究，记者发现“李某论文”的抄袭程度令人吃惊：“两篇论文大部分文字几乎一模一样。“李某论文”除增加了‘模式识别理论及其算法实现’这一章之外，其余论文内容与朱笑笑论文内容高度雷同。”由于“李某论文”比“朱某论文”多出一章，反而导致“李某论文”在抄袭过程中多处出现“顾此失彼”现象（比如表头的章节号错位等）；更有甚者，“李某论文”抄袭“朱某论文”的致谢时，连“朱某论文”中要感谢的余亚平老师也照样被搬入自己论文的致谢内容：“余老师设计并制造了本课题所需的标定物，并为实验的开展提供了许多指导和帮助，特向余老师表示感谢。”由此，该抄袭事件被网友称为“最牛论文抄袭”。

“李某论文”抄袭事件经“澎湃新闻”等媒体报道后，吉林大学启动了调查处理程序。2016 年 3 月 22 日，吉林大学官方向“澎湃新闻”通报了对“李某论文”抄袭事件的处理结果：经吉林大学调查确认，“数学学院应用数学专业 2008 届高校教师攻读硕士学位人员李某硕士学位论文《基于近景摄影测量和模式识别技术的直升机落点位置自动测量研究》违反学术规范行为事实成立”。“2016 年 3 月 21 日，吉林大学召开第十届学位评定委员会第四次会议，依据《吉林大学学位授予工作实施细则》等有关规定，决定撤销李某的硕士学位。同时，根据《吉林大学研究生教学、指导工作事故的认定与处分办法》，对相关指导教师按有关规定给予相应处理。”

【点评】

笔者在阅读该案例的有关报道时，感到非常吃惊，难以理解。为慎重起见，笔者于 2016 年 5 月 10 日，试图在本校图书馆的“万方数据-学位论文库”和“中国知网-中国优秀硕士学位论文全文数据库”中下载上述两篇硕士学位论文，结果数据库中只有“朱某论文”，而“李某论文”已检索不到，显然已经被撤。从下载的“朱某论文”看，“澎湃新闻”记者的对比研究是严谨的。

“李某论文”抄袭问题，事实清楚、证据确凿。李某严重违背了学术道德规范，被吉林大学撤销了硕士学位，这个结局相信也在大家的预料之中。现在，我们特别想了解的是李某如此大面积抄袭的动因何在？为什么连致谢中涉及的余老师也一样抄了上去？笔者注意到吉林大学官方通报中提到李某为“高校教师攻读硕士学位人员”，这是一种以“在职攻读”方式学习的类型。在职者由于工作繁忙，在学位论文中投入精力严重不足，是抄袭行为发生的重要原因之一。“业精于勤而荒于嬉”。“科研投入是产出的前提和基础，也是衡量研究生学风的主要指标。在投入不足的情况下,就可能产生科研任务进展不顺、研究成果不能及时整理、学位论文无法按期完成等问题,因此有人就会为了满足必须的要求而选择走'捷径',抄袭、拼凑、伪造、搭便车等学术失范行为随之产生。"

精力不足是可能的原因,但不是必然的原因。必然的原因是内因,是自身缺乏科学道德理念和学术规范意识。如此严重的抄袭,抄袭者完全处于一种"失控"的精神状态,是一种恣意的"裸奔"。当然,导师也难辞其咎!导师是研究生培养工作的"第一责任人"。在本案例中,导师肯定没有认真把关,因此吉林大学的通报中提到"对相关指导教师按有关规定给予相应处理"是十分必要的。

为有效应对抄袭问题,多数高校采取了"相似度检测"措施。笔者认为,这虽然从技术上能做出一些判断,但抄袭者也可能进行一些伪装或者故意用错位字词或语序来规避这类"相似度检测"。因此,根本上还是要依托作者的自觉和他律措施,以及导师的责任心。也希望我们的高校能够理性对待规模扩张,让生师比回归到正常状态,从而在客观上保证导师有精力指导好自己名下的研究生。

参考文献

[1] 罗杰. 吉林大学现"最牛论文抄袭":两篇论文"致谢"同一位老师[N/OL]. 澎湃新闻,2016 - 03 - 17. http://www.thepaper.cn/newsDetail_forward_1436035.

[2] 岳怀让,罗杰. 吉林大学严处两起论文抄袭:撤销涉事学生学位,导师亦被处理[N/OL]. 澎湃新闻,2016 - 03 - 22. http://www.thepaper.cn/newsDetail_forward_1446954.

[3] 武晓峰.我国研究生学风和学术道德现状的调查与分析[J].学位与研究生教育,2012(3):20.

(吴宏翔)

46. “史上最牛连环抄袭门”

——“中山学子”揭示惊人的医学论文抄袭事件

2010年1月，两位大学生（其中一位来自中山大学中山医学院）在完成自己的毕业论文初稿后，“因为担心自己论文中的引用部分被当做抄袭，他们找到一款反抄袭软件进行比对。发现没有问题之后，‘出于好奇’，他们查对了本院部分师生的文章”。

经过“好奇”地一查，他们很快发现有2篇医学论文存在抄袭问题。再经过认真比对，发现“抄袭率超过90%”。对如此严重的抄袭行为，两位大学生感到非常震惊。然而接下来发生的事情，让他们更加震惊。他们从几名涉嫌抄袭问题的作者入手，展开调查，发现广西柳州市第一人民医院檀德馨和浙江省平阳矾矿医院潘芝芬发表在《中国实用妇科与产科杂志》1997年第13卷第6期的论文《刮宫术后宫腔粘连185例分析》，遭到江苏省南通市狼山医院张某某、江苏省连云港市第一人民医院吕某某、江苏省连云港市第一人民医院谢某某、四川省中西医结合医院宋某某、黑龙江齐齐哈尔市泰来县妇幼保健院王某等众多医生抄袭，构成波及16个单位、25人、6轮抄袭的惊人的“连环抄袭”事件。

为了让人们更加直观地了解上述连环抄袭中的相互关系，两位大学生“特意制作了一份像食物链一样的图表。檀德馨和潘芝芬位于最底端，其他的名字都密密麻麻地指向了这两位原作者。”（见图1：论文连环抄袭关系示意）

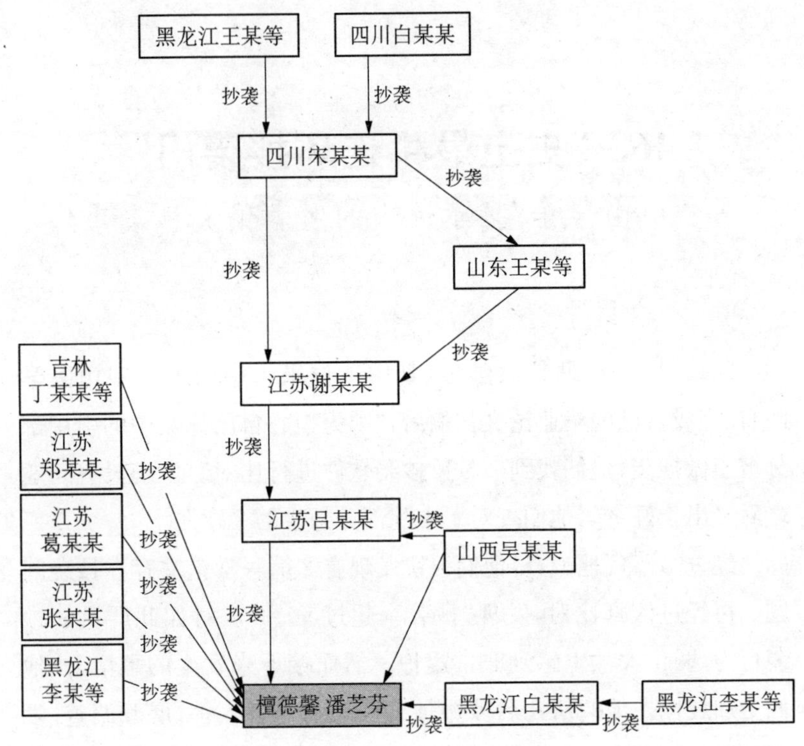

图 1　论文连环抄袭关系示意

(本图参考了《中国青年报》2010－03－24 报道)

由于此抄袭问题波及面大、性质严重，出于医学工作者的责任感："医学领域学术造假的危害是难以估量的"，两位大学生决定将他们的发现公之于媒体。2010 年 3 月上旬，他们以"中山学子"的名义向《中国青年报》发去了一封题为"史上最牛的连环抄袭门"的邮件，详细报告了他们通过反抄袭软件查证发现的"连环抄袭"事件。

《中国青年报》记者蒋昕捷随即对事件展开调查，写成了"史上最牛连环抄袭门"调查报告。因为记者介入调查，两位同学曾"接到过恐吓电话，以至于不得不换了手机号码，把自己隐蔽起来。他们同样也担心，自己日后还能不能在医学界立身"。出于对医学论文抄袭危害大的担忧，为防止由此导致“害人”事件，两位大学生（即“中山学子”）“最终下定决心，把举报材料公布在网上”。“他们声明，此举纯属个人行为，与所在学校、所在院系、老师以及各位被抄袭者均无关系。他们只希望，中国的医学界，‘能像白色的大褂一样’，有一片洁净的学术天空。”

【点评】

两位大学生（“中山学子”）因为担心自己论文中的引用部分被当做抄袭而找来一款反抄袭软件进行比对，“出于好奇”又比对了其他医生发表的文章，结果揭出一个惊人的医学论文“连环抄袭”事件。这似乎是偶然事件，但仔细想来，也是必然事件。因为“连环抄袭”已然是事实，虽然此事被“中山学子”发现属于偶然，但被发现终属必然。古人云：“若要人不知，除非己莫为。”

然而让笔者吃惊的是，在《中国青年报》“记者联系上的医生中，只有一位承认自己确实抄袭了”，大多数医生都不承认自己抄袭，而且以各种理由为自己辩解，比如“既然手术都是一样的，过程也是一样的，难免会有雷同”。或者“临床医学的手术都是一样的，研究过程也是一样的，研究成果难免出现雷同”。其实抄袭的论文如同两个解释一样：“文字表述也都大同小异，有的甚至原封不动。”同行一看就明白。正所谓：“假的真不了，真的假不了。”事实胜于雄辩！为什么上面报道的“连环抄袭”事件惊人，一方面说明它波及范围大，涉及人数众多；更重要的是，医学是很严谨的学科，是关乎人命的大事，不同时间、不同个体，治疗方案都有差异。何以能够千篇一律地抄来抄去?!

正因为如此，“中山学子”置“恐吓”于不顾，挺身而出，勇敢揭露当事人的抄袭事实，维护了“医道尊严”。笔者为他们点赞，尽管他们也经历了从“好奇”到“最终下定决心”的心路历程，有“自己日后还能不能在医学界立身”的担忧，但最终在内心升腾起的仍是让中国的医学界像白色大褂一样纯洁的希望。

然而要真正维护好"学术纯洁",光有理念和追求是不够的,还要投入大量的时间和精力进行查证。大家知道,对于科学数据造假问题的调查和处理存在现实的困难。一方面,科学活动是一种专业性很强的活动,科学细分领域涉足的研究人员少,外行很难了解(因此,科学结论的检验常常要依赖"同行评议"的办法);另一方面,科学研究的过程复杂,有些过程不具有可重复性,或者取得重复性的偶然因素很多,认证重复性非常困难。但是科学的道理要得到整体的认可,一个根本的定律仍然是"可重复性"。尽管不能否认,可能存在被观测现象昙花一现的情况,但由此得出的结论或发现也只能是昙花一现,无法成为公认的规律或事实。因此,一切科学,无论多么艰深的领域,多么少人问津的范畴,只要有规律存在,必然要通过被他人重复来得以承认。否则,所谓的"规律"只能是个人的自娱自乐罢了。

本案例中两位大学生简单地通过软件分析(就是当前流行的"相似度检测")就发现了一些文章的雷同现象,即便如此浅显,"大多数医生都不承认自己抄袭"。而一些学术作假,因其高智性和隐蔽性,加上作假者的抵制以及一些特定的制度环境,会更难以鉴别和查证,最典型的当属美国"巴尔的摩案",该案前后持续了8年(1986—1994)才下最后结论。由此可见,验证造假有时有很大的难度,需要验证者付出极大的决心、耐心和勇气。

参考文献

[1] 蒋昕捷."史上最牛连环抄袭门"调查[N/OL].中国青年报,2010-03-24. http://zqb.cyol.com/content/2010-03/24/content_3149371.htm.

(吴宏翔)

47. “读屏时代不能丢掉读书习惯”

——关于研究生阅读习惯的思考

2016年4月18日，由中国新闻出版研究院组织实施的第十三次全国国民阅读调查成果在京发布。调查显示，受数字媒介迅猛发展的影响，我国国民的数字化阅读方式（网络在线阅读、手机阅读、电子阅读器阅读、光盘阅读、Pad阅读等）接触率为64%，较2014年上升了5.9个百分点。其中，60%的成年国民进行过手机阅读，较2014年上升了8.2个百分点；对微信使用情况的考察发现，有51.9%的成年国民在2015年进行过微信阅读，较2014年上升了17.5个百分点。在手机阅读接触者中，超过八成的人（87.4%）进行过微信阅读。可见，手机阅读在快速增加，而手机阅读中的微信阅读更是迅猛增长。以上是基于全体国民抽样调查取得的数据，具体到研究生这个群体，手机阅读和微信阅读比例还要高。

大家知道每年的4月23日是“世界读书日”。设立该节日的目的就是希望人们都能享受阅读的乐趣，并鼓励更多的人去阅读和写作。然而，由于手机阅读的便利和快捷，加之生活节奏的加快，人们越来越依赖于电子阅读方式，导致阅读习惯渐变。有感于国人阅读习惯的改变和实体书店的凋敝，《北京日报》记者汤华臻于6月24日在《北京日报》发表了一篇题为“读屏时代不能丢掉读书习惯”的报道。报道描述了今天“随处可见的低头族，看的不是书籍而是手机，碎片化阅读风靡一时，快餐式知识备受追捧”的现象，并用犹太人家庭读书的故事和杨绛先生的话，劝告人们："沉下心来多读书、读好书，是一趟愉快的心灵旅行。翻开书本，你能够对谈古今中外的智者，可以时时造访，亦可不辞而别。薄薄的书页之间，人生真谛、旖旎风光尽收眼底，我们的视野、胸怀、心智由此得以提升。其价值远非眼前的功利、感官的刺激可比，精神的充实是真正的无价之宝。"对此，笔者感同身受。

【点评】

随着无线网络和手机的普及，手机阅读已经成为今天人们一种普遍的生活习惯，然而这种习惯某种程度上却变成了一个"问题"。且不说因为低头看手机导致的严重交通事故等问题带来的身体伤害，手机对一些人来说已近乎于鸦片，实际上吞噬着人与人之间的友情、亲情和爱情，并由此带来了极大的心理伤害。手机阅读还有一个需要引起人们高度关注的问题是，它正在改变着我们的阅读习惯，而这种习惯中的一个非常糟糕的倾向是，除了手机中的片段化信息，我们不再"有时间"去进行大量的经典名著的阅读。因为经典名著阅读量的下降使我们失去了"厚度"；又因为网络信息的丰富，易使我们增添了"懒度"。于是乎"抄袭"成为了一些人"不得已而为之"又乐于为之的一种写作方式。笔者认为这是当前研究生学术不端问题产生的内因和外因。技术进步给人们带来了生活的便利化，这本身是件好事，虽然可能构成为外因，但问题的关键还在内因。为此，要改变一些研究生的阅读习惯，使他们把更多的时间投入高质量、连续性的文章和经典著作的阅读，避免阅读碎片化。

当前，我们面临的两个突出问题是：时间碎片化和阅读碎片化。

我们今天的烦恼：时间碎片化。我们生活在一个快节奏的时代，每天要应对"创新"任务，解决"创新"问题。为此常常一天开几个会，不同时间、不同地点的会，整个时间都被碎片化了，成了“时间片段”。我们很少静下来思考什么，刚坐到电脑前想写点什么，思绪可能马上被电话打断、被来访者打断或者被同事的问题打断、被领导的指示打断，哪怕这些都没有被打断，也会被手机上新信息的提示音打断。于是开始应对打断自己的“电话”、“问题”、“指示”甚至“提示音”所带来的“任务”，马不停蹄地去实践、去落实。时之久矣，疲于应付！有时，突然冒出想“静修”、“出家”之类荒唐的念头。可惜，完全不切实际！你懂得！时间碎片化了，这是今天不争的事实！剩下的问题是，我们如何对待碎片化的时间？会议开始前有等待时间、会场转移时有路上时间、思绪被打断之前还有片刻宁静的时间。如果用好了这些时间，也会形成整片、大片的时间！而我们身边就有这样的例子。几年前笔者和复旦大学哲学学院俞吾金教授（已病逝）同乘一辆车子去浦东开会。在车上，我闲来无事，翻看手机信息。不经意间，发现俞教授捧着一本厚厚的书在看，我诧异地说：俞老师，您在车上看书啊，这个习惯不好！容易伤眼睛。（其实看手机更伤眼睛！）俞老师说：没办法，我一天的时间都是碎片化的，只好把这些“碎片”拿来用一用。这一刻，俞老师给我印象极深！

我们今天的忧虑：内容碎片化。今天我们面临着时间碎片化的问题，然而，与时间碎片化比起来，有一个问题更严重，那就是“内容碎片化”。手机是革命性的技术产物，这并不是说手机包含了“革命性”的技术创新，而是说这样一种技术产物（或工具）凭借与每个个体的人的紧密结合，深刻影响了每个个体的人和由个体的人组成群体的社会的发展。而滋生在手机中的信息基本上是碎片化的信息，虽然能被我们用碎片化的时间部分地“吸收”，但由此养成了我们碎片化的阅读习惯和片面化（且时常不靠谱）的认知。对此问题，笔者之前与复旦大学历史学系世界史教研室的李宏图教授有过一段对话：

李：吴老师，有微信可以知道很多信息了，不过我不太使用微信，特别是在外面就不会用了，有些落伍。

吴：李老师，您说得没错，微信的信息很丰富，但微信把国人的阅读碎片化了，很多国人陶醉于碎片化的阅读与炫酷般的信息。而我感到，长此以往，必将影响国人修为、国家创新，最终误国误民！所以您不大用微信也是一种庆幸！不是吗？从现实来看，作为彼此联络的信息工具，它给我们带来了方便，但我们要尽量避免因此养成偏好碎片化内容的阅读习惯。一家之言，供您批评指正。

李：完全同意你的观点，我只是用它作为联系工具，因为我自己研究欧洲近代思想史，更要保持不能让自己碎片化，和保持思考的连续性。

李：谢谢，我们观点一致。望吴老师以后利用你的平台大声呼吁，不然年轻一代会受其影响。

还是阅读经典好

结语：为不辜负李宏图老师所托，笔者在此呼吁，让今天的我们努力养成“利用碎片的时间、阅读完整的内容”的习惯吧！就像俞吾金教授那样，多读几本“厚厚”的书，少看几封“微微”的信。如此才能不被“伪创新”忽悠（见本书案例14，俞吾金的“哲学治学理念”），不因“伪创新”激动！静心塑造“厚厚”的自己！

参考文献

[1] 息慧娇. 第十三次全国国民阅读调查数据在京发布[EB/OL]. 中国出版网，2016-04-19. http://www.chuban.cc/djbd/201604/t20160419_173544.html.

[2] 汤华臻. 读屏时代不能丢掉读书习惯[N/OL]. 北京日报，2016-06-24(07). http://bjrb.bjd.com.cn/html/2016-06/24/content_44571.htm.

（吴宏翔）

后　记

2015年5月，复旦大学与北京大学、清华大学等11所高校被中国科学技术协会、教育部遴选为实施科学道德和学风建设宣讲教育案例教学试点院校。受中国科协发展研究中心委托，2015年底，复旦大学研究生院承担了"案例教学试点工作"项目建设任务。在教育部、中国科学技术协会、上海市科学技术协会、上海市教育委员会和学校领导的关心支持及上述项目的经费资助下，复旦大学研究生院组织编写了《研究生学术道德案例教育读本》。

本书的编写体现出校际合作精神，编写组成员分别来自复旦大学、东华大学和上海大学。全书共分4个篇章。第一篇为人文社科篇，由复旦大学朱宝荣教授统筹撰稿；第二篇为理工学科篇，由东华大学陈敬铨教授和上海大学杨庆峰教授负责撰稿；第三篇为医科篇，由复旦大学刘学礼教授负责撰稿；第四篇为学风篇，由复旦大学研究生院吴宏翔副院长统筹撰稿；全书编写工作由吴宏翔负责筹划。在编写过程中，编写组成员反复商讨，多次会商审稿，对全书的定位、体例、案例构成、编排结构，乃至参考文献的引用标准等达成共识。

本书的编写得到复旦大学相关方面的高度重视和大力支持，研究生院院长兼校学风建设办公室主任钟扬教授在百忙中审阅书稿并为本书作序，研究生院综合办公室先梦涵主任协助经费核算，研究生院培养办公室潘星同志参与本书编写并联系专家、撰写会议记录。复旦大学出版社理科学科总监范仁梅女士参加了每次专家组的讨论，以她丰富的编辑经验助力本书出彩。上海市科学技术协会学术部调研员苏祺为本书出谋划策，并撰写前言。对于上述同志的支持和帮助，编写组在此表示诚挚的感谢！同时，本书的编写还得到了上海市学位委员会办公室“科学道德与学术规范课程及案例库建设”项目的经费支持，编写组在此一并表示衷心感谢！

研究生科学道德和学风建设是一项复杂的系统工程，不但需要国家教育主管部门的统一指挥和协调，而且需要每个教育机构的积极响应、每个导师的热情投入。复旦大学作为国家重点建设的社会主义综合性大学，有责任为国家培养更多的优秀人才，也有责任为国家人才培养工作献计献策。本着传播理念、引导观念的思想，复旦大学研究生院倾力组织编写本书。本书虽经编者认真撰写、仔细校对，并终于付梓，但限于编者的学识和水平，书中若仍然存在文字错误或观点偏颇等，敬请读者批评指正，以便我们进一步修改、完善。

编写组

2016 年 7 月 1 日

图书在版编目(CIP)数据

研究生学术道德案例教育读本/复旦大学研究生院编. —上海:
复旦大学出版社,2016.8(2017.9 重印)
ISBN 978-7-309-12455-2

Ⅰ. 研… Ⅱ. 复… Ⅲ. 研究生-学术研究-道德规范-案例-中国 Ⅳ. G643

中国版本图书馆 CIP 数据核字(2016)第 171637 号

研究生学术道德案例教育读本
复旦大学研究生院 编
责任编辑/范仁梅

复旦大学出版社有限公司出版发行
上海市国权路 579 号 邮编: 200433
网址: fupnet@fudanpress.com http://www.fudanpress.com
门市零售: 86-21-65642857 团体订购: 86-21-65118853
外埠邮购: 86-21-65109143 出版部电话: 86-21-65642845
上海浦东北联印刷厂

开本 890×1240 1/32 印张 8.5 字数 195 千
2017 年 9 月第 1 版第 3 次印刷
印数 6 201—9 300

ISBN 978-7-309-12455-2/G·1624
定价: 30.00 元
